【宮本常一著作集別集】

宮本常一

Miyamoto Tsuneichi

私の日本地図②

上高地付近

未來社

【宮本常一著作集別集】

私の日本地図 2

上高地付近

◉目次

凡例……1
はじめに……6
1 島々……11
谷の入口 11
夏道・冬橋 13
墓地の木 15
大野田の石の記念碑 16
木曾棟 21
紋のある倉 22
島々 23
筆塚 24
徳本峠 25
杣の村 26
橋場 28
焼畑あと 29
2 奈川ダム……31
谷の道 31
平地あれば 33
奈川ダム 37
神祠峠 42
渡という地名 44

3 奈川谷……47
牧の村 47
飯場 51
板壁の家 53
便所と風呂場 55
黒川渡 58
かいこの村 61
郡境変更記念碑 63
黒川渡の石の記念碑 66
段丘の上 72
古宿 73

4 奈川温泉……79
温泉への道 79
ワラビ根ほり 82
屋形原 86
温泉湧出 89

5 野麦のふもと……94
行商車 94
野麦峠 95
朝鮮人の思い出 98
牛方の話 100
家の変遷 101
屋根 104
風穴 107
立廻り山 110

米麦以前　113
菜を洗う　118
清水　120
墓地　122

6　番所……124
番所というところ　124
大野川　127
近代化への指向　132
スキー客の宿　135
学生村　137

7　桧峠の道……141
黒川渡から番所へ　141
鎌倉往還　145
古い道　151
出作畑　155
桧峠　157

8　白骨温泉……161
白骨というところ　161
美女の首　164
湯の制度　166
出張から定住へ　170
崖くずれ　172

9　梓川・上高地……176

梓川峡谷　176
発電所　180
沢渡　183
中ノ湯　184
自然と人との戦い　186
観光地対策　188
かせぎ場上高地　190
観光地へ　193

10　境峠から藪原へ……196

木曾街道　196
境峠　200
木曾谷へ　204
藪原　209
木工と杣　212
交通の変遷　215

11　松本付近……218

小野のふるさと　218
松本へ　223
松本城　224
石垣積み　226
開智学校　229

12 別所・上田……232
別所温泉へ 232　山極先生の思い出 235
北向観音 239　安楽寺 242
上田の町 247　上田城 249
古き国原 252

あとがき……256

註……263
解説　全一五巻の編集を終えて……香月洋一郎 276
付録一　日本の旅 2……293
二　同友館刊『私の日本地図』内容見本（抜粋）……301
索引……i

【主要参考地図】国土地理院発行　20万分の1　高山
5万分の1　松本・乗鞍岳・上高地・
塩尻・木曾福島・伊那・坂城

凡　例

一　「宮本常一著作集別集」の『私の日本地図』全15巻は、昭和四二年（一九六七）～同五一年（一九七六）に同友館から刊行された『私の日本地図』1～15を原本にしている。

本巻の原本は、昭和四二年六月二〇日、同友館刊の『私の日本地図2　上高地付近』であり、巻末に収録した付録一「日本の旅2」は、原本に別刷で付されていたものである。本書はその第2版（昭和四六年六月一日刊）を底本にしている。なお、本巻掲載の宮本常一撮影の写真は、周防大島文化交流センターの提供によるものである。

付録二は、同友館刊『私の日本地図』の内容見本に掲載された「全巻内容」と「著者のことば」である。本巻が最終刊行巻になるにあたり参考資料として付した。

二　原本の明らかな誤記・誤字・誤植と思われるものを訂正したほか、文章・文体を損なわない限りで、仮名に改めた漢字や、漢字に改めた仮名がある。ただし正確な、あるいは公式な表記でなくとも、それが宮本常一独特の表現や表記と思われる箇所では、誤解を生じない限り原文表記を尊重した場合もある。また、西暦年を（　）に入れて加えたほか、『　』、「　」、振り仮名、送り仮名を付した箇所、読点の加除、改行を施した箇所もある。［　］内は編者による註記である。なお、写真・地図の掲載箇所・順序を変更したところがある。

三　既刊文献からの引用文は可能なかぎり原典と照合・校訂したが、内容を汲んだ略述や書き改めと思われる箇所はそのままにしている。

四　地名の表記は原則として原本のままにした。現行の市町村名等の表記と異なっている所もある。

五　地名等の読み方・表記は、実際には、清濁音・音訓読のちがい・送り仮名の有無をはじめ本巻の表記に限定されるものではない。地域独特の言い方、時代による変化などもみとめられる。

六　註は編者によるものである。ただし、註の作成については必ずしも全巻を通して共通した基準を設定しているわけではなく、また、ひとつの巻の中でも項目の選びかたには若干の疎密がある。本シリーズは、本質的に紀行的文化論の趣をもつもので、なによりも気軽に手にたずさえて旅に持ち歩きできるようにしたいとの編集方針を基にしており、硬表紙・函入の「著作集本集」と造本をかえたのもその意図からである。いずれの巻も、特定の地域自体がテーマの主体であり、限られたページ数内の註では、たとえば渋沢敬三（124ページ）・徳川秀忠・石田三成・徳川家康（249ページ）といった、いわば全国区的な人名、事項名などは省いているものも多い。

なお、地域に関する諸事象等について、定められた編集時間内の調査で十分に確認できなかった点もあり、こうした点について、これまで刊行した巻においては読者の方々から貴重なご意見・ご教示をよせていただいている。それらは増刷の折、できるかぎり反映させてゆく方針ですすめていきたい。この点についての御海容をお願いしたい。

七　本巻の編集には周防大島文化交流センターの協力を得た。

八　宮本常一撮影写真の著作権は、周防大島文化交流センターが保有している。

写真キャプションの後に付した数字は、同センター所蔵の宮本常一撮影写真のフィルム番号-コマ番号である。このフィルム番号-コマ番号、および宮本の日記（『宮本常一　写真・日記集成』毎日新聞社、二〇〇五年）を照合して、わかるかぎり、写真の撮影年月日を写真キャプション末尾に記入した。

九　本文中、現在では用いられない不適切な表記・表現もあるが、著者が故人であることと時代性を考えそのままにした箇所もある。

【宮本常一著作集別集】

私の日本地図　2

上高地付近

◉装幀――毛利一枝

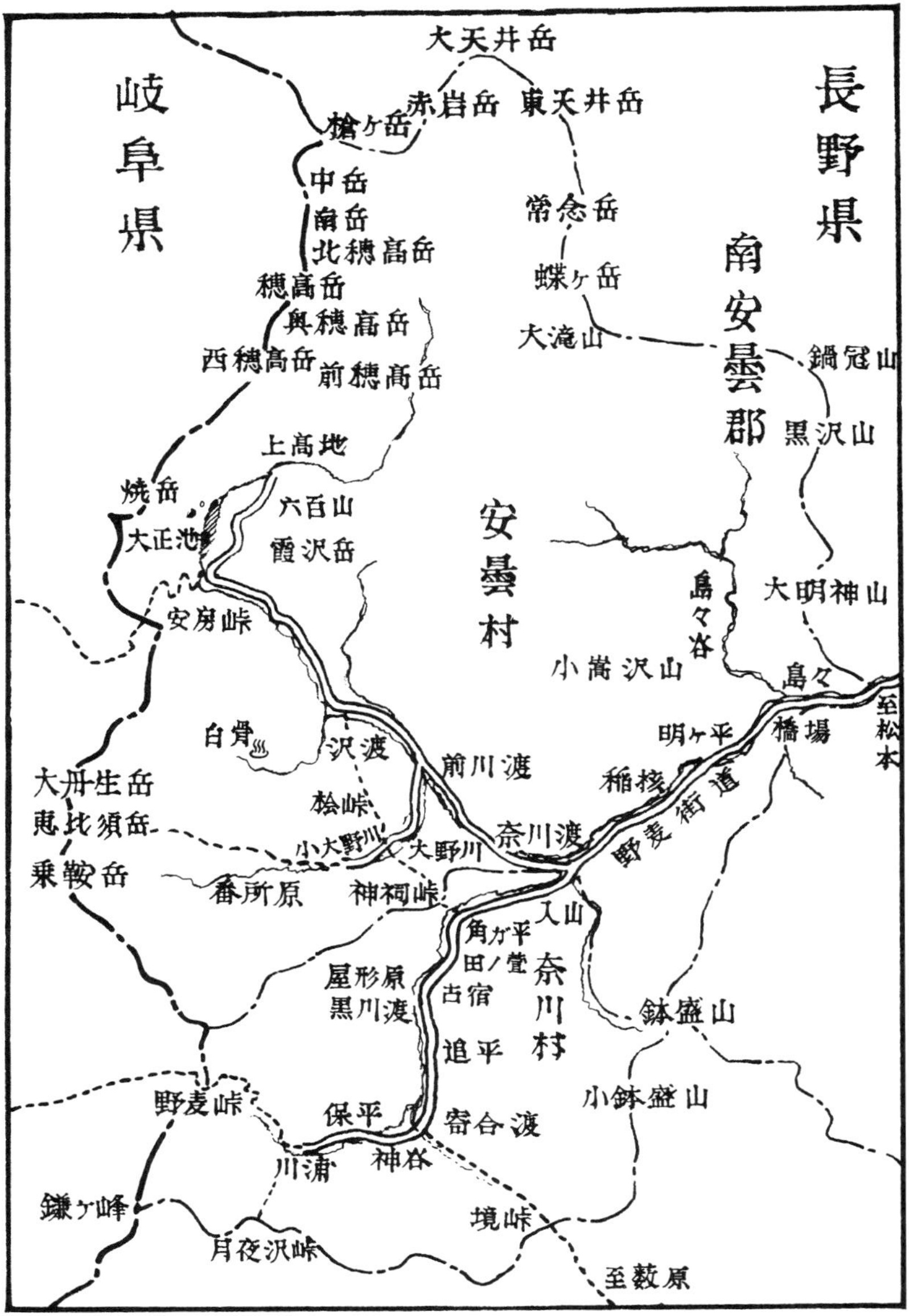
岐阜県
長野県
南安曇郡
大天井岳
赤岩岳
東天井岳
槍ヶ岳
中岳
南岳
北穂高岳
穂高岳
奥穂高岳
西穂高岳
前穂高岳
常念岳
蝶ヶ岳
大滝山
鍋冠山
黒沢山
上高地
焼岳
大正池
六百山
霞沢岳
安曇村
安房峠
島々谷
大明神山
小嵩沢山
島々
至松本
橋場
明ヶ平
稲核
野麦街道
白骨
沢渡
前川渡
桧峠
奈川渡
大丹生岳
恵比須岳
小大野川
大野川
乗鞍岳
番所原
神祠峠
入山
角ヶ平
田ノ萱
古宿
奈川村
屋形原
黒川渡
鉢盛山
追平
小鉢盛山
野麦峠
保平
寄合渡
川浦
神谷
鎌ヶ峰
境峠
月夜沢峠
至薮原

はじめに

日本は山の国であるといってもいい。平坦地よりは山地の方がはるかに広い。そして、その山のどんな奥にも、人の住み得る場所にはたいてい住みついてきている。

現在村のないようなところにも、ずっと古い昔には人が住んでいたとみえて、山地のいたるところに縄文時代の遺跡がある。とくに中期の遺跡は山地に多い。多分、そこに野獣や野鳥や、また食料にする植物が多かったためであると思うが、同時に、農耕もそういうところで最初におこったのではないかと考える。

その農耕は水田稲作を主体とする弥生《やよい》式農耕とは異なったもので、焼畑を中心としたものであったと思う。最初は山地を焼いて、そのあとにやわらかな草などの成育を待ち、その茎や根をとってたべる程度のことから、しだいに作物栽培へ移行していったものと思う。それも野獣などに荒らされないようなものが多くつくられたに違いない。とすると、ソバ・ヒエ・アズキ・サトイモなどのようなものになってくる。

山地での定畑《じょうばた》の発達はずっとおくれる。野獣の害を防ぐことが大事業だったからである。山村の人たちが野獣とたたかった歴史はその信仰の中にのこり、シシ垣などの構築に見ることができる。

しかし、山地に人が住まねばならなかったのは、また別の理由が新しく生じてきたからである。

そこにある材木が平地地方の人に必要であったり、山地に鉱山があったり、また山の向う側の平地をつなぐ道が通っているると、その交通・輸送などのために多くの人力を必要とするようなことなどが主要な理由になっている。

いまひとつ、三方を山でかこまれた袋小路になった谷奥にも人の住んでいるのを見かけるが、それらには落人《おちうど》の伝説をもったものが多い。したがって、中世以後に発達したものが多いようだが、そういう谷奥はわざわざ外からたずねていく人も少なくて、世のわずらわしさからのがれ住むには案外よかったのかもわからない。古くはかくれ里とよび、近頃は秘境などといって、閉鎖的な社会と見られていた。

山奥の村の二つのタイプ、その一つを通りぬけ村、その二を行きどまり村としておこう。前者の方は、それがどんな山の中にあろうとも、その時代時代の影響をうけてかわってゆく要素を持ち、後者は停滞しがちになる。このことは一応事実であるが、行きどまり村の場合も、生活条件の非常にわるい関係から、自給だけでは生活がたたず、外との交流はそれぞれ持っていたのである。

たとえば、熊本県五家荘《ごかのしょう》の下屋敷《しもやしき》という、それこそ周囲とはほとんど交流のないような山中の村に、佐倉宗吾《さくらそうご》の父の墓というのがある。佐倉宗吾はこの地の出身だというのである。どうしてそういう伝説がここにあるのかわからないけれど、外界とのつながりがないかぎりは、こんな話が生れ、また信じられることはない。事実、下屋敷の南の椎原《しいばる》というところできいた話には、この山中の人には、江戸時代の終り頃から大阪あたりへ出かけていった人が少なくないし、明治になって北九州の炭坑へはたらきにいって、そのまま帰って来ない人もかなりいるとのことであった。また、四国一番の秘境といわれた高知県寺川（この村のことをかいた『寺川郷談《てらかわきょうだん》』という有名な書物がある）の古文書を見ると、大阪あたりから、この山中へ蜜蠟《みつろう》を買いに来ているし、また山茶をとって団茶《だんちゃ》をつくり、それをまた讃岐《さぬき》のあたりの商人が買いに来たものであるという。

こういう話は行きどまり村には案外多くて、そうしなければ生活はたたなかったのだが、周囲の村とのゆききは少なかった。とくに、他の村との通婚が少なかったために、別の世界のように思えたのである。

しかし、これはひとり山間の行きどまり村だけのことではなくて、そのほかの村にも言えることで、たとえば、下北半島の村々を調査したときも、村と村とのつきあいはそれほど濃くないのに、一軒一軒の人びとの動きについてみると、北海道をはじめ、東北各地へ出稼ぎその他にはずいぶん出ていて、広い世間とのつながりは持っているのである。

このことは、これからさき村落を見ていく上にとくに気をつけねばならないことである。そのことがあればこそ、その時代時代の新風も、どんな村にもふきこんできていて、どんな山間の村にも古代そのままの姿を見ることはできないのである。

通りぬけ村の方は、どんどんかわってゆく。しかし、通りぬけがとまったとき停滞がおこる。かわってゆくということと、まずしいということとは別問題で、まずしい姿を見て、おくれていると簡単に割りきってはいけないし、新しくおこった停滞を昔からのものと思ってはならない。

ただしかし、すべてのものが新しくなってゆくのではない。自然の制約のつよいものは、そこに古い文化が何らかの形でのこっていく。ここに『私の日本地図』の第二巻としてとりあげた「上高地付近」は、自然の制約をもっともつよくうけた通りぬけ村としてとりあげてみた。

上高地《かみこうち》の観光的な紹介をしたものではないのだから、観光書のつもりで読む人たちには大きな失望を与えるであろう。観光のガイドブックはたくさん出ているので、その方を見ていただきたい。

また、上高地付近とあるけれども、上高地のことはあまり出てこない。上高地の南の番所《ばんどころ》、さらにその南の奈川谷《ながわだに》が中心になる。日本ではもっとも高い所にある山村である。しかしそこにも大きな変化があり、また現在はさらに大きな変化がおこりつつある。その変化は、その土地自体の中から内発したものではなく、外からのものである。それをうけとめて来、さらにうけとめてゆく姿に心をうたれるとともに、この問題は単にこの地だけでなく、ひろく日本全体の山村の問題として考えてみるべきものであると思って筆をとったのである。

日本という国には山間僻地《へきち》ということばがある。山間はいつまでも存在するであろうが、僻地性は解消できるものである。そのことをこの山中をあるいていてつよく教えられるのである。しかも僻地性の解消が、そこに住む人たちにとって幸福をもたらすものであるためには、そこに住む人たちがよほど賢明で、新しい時勢に対応していくものを持っていなければならぬ。私は安曇村大野川《あづみむらおおのがわ》を中心にした番所原《ばんどころはら》、白骨《しらほね》の人たちに、その賢明な姿を見ることができた。

なお、山村の生活の中に日本文化の過去の発展段階を物語るものにもできるだけ目を向けようとしているが、奈川谷で明治時代まで焼畑以前の野焼によるワラビの育成や、焼畑にあってもソバを主として他のものはあまり作らなかったというようなことは、自然採取から農耕への移行を示す過程を物語るものではないかと思って心にとまった。このことについては別の地方でもふれてみたいと思っている。

もとよりこの書物はむずかしい論考ではなく、旅で見、気のついたことを問題提起の形で、書きしるしたものである。上高地付近についての詳細なレポートは『パイロット林道開設の効果を追求する調査報告書――開発に伴なう地域の社会的、経済的な影響に関する調査（長野県・奈川安曇地域）』（昭和四一年十一月刊、林野庁林道課）というおそろしく長い題名のもとにまとめた。これはプリントで少数印刷したものであり、一般には入手できないと思う。この調査のいきさつは「あとがき」にゆずるが、『上高地付近』はその副産物として生れたものである。

著　者

1 島々

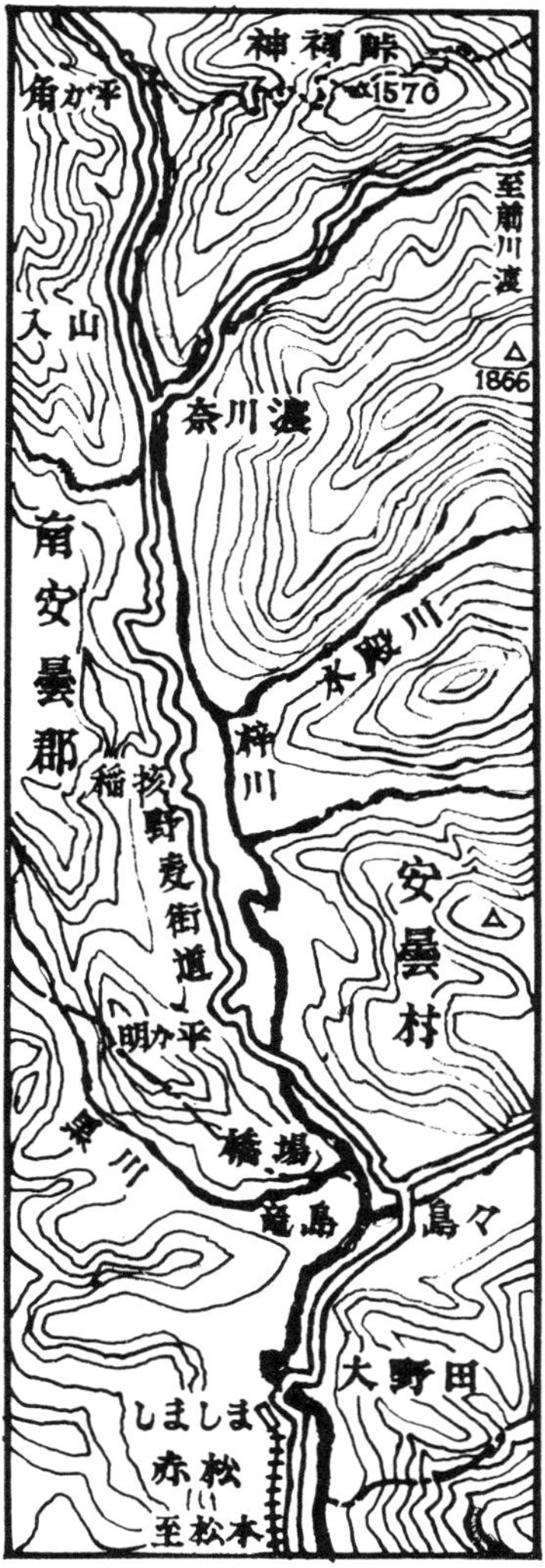

谷の入口

上高地《かみこうち》・奈川谷《ながわだに》の奥などをおとずれるには、ふつう松本（長野県）から松本電鉄上高地線の電車にのって、終点の島々《しましま》で下車し、そこからバスで奥へはいっていくのである。松本は松本平《まつもとだいら》の中心をなす都市であり、その西には平坦な耕地がひろがっており、その平野のつきるところ、南北につらなる山脈の壁にぶつかる。山は平野に面して、きったてたように高く、その山々のかさなった上に北アルプスの連峰がするどい稜線のつらなりを見せている。だが、このけわしい山々の奥へもわけ入る道はあって、島々はその入口なのである。

新渕橋付近から松本平の方をみる。0551-16a　1965年6月19日

この山地の中に深く切りこんだ谷を流れる梓《あずさ》川《がわ》が、山地をはなれて平野に出るところが島々である。したがって、島々から谷にそってさかのぼってゆけば、北アルプスにも達するわけで、その山をこえて向う側の飛驒《ひだ》の国へまで、古い昔から道は通じていた。

電車をおりた所は、もう両方の山のせまった谷合で、山間に立ち入った感じであるが、その谷から平野の方をふりかえると、はるばるとした野の彼方《かなた》に、松本の東を限る山々のつらなりが見える。多分、山の奥から日を重ねて歩いて来た旅人たちは、ここまで来ると、突然、眼のまえにひらけるひろくゆたかな景色にきっと心をときめかし、またホッとした思いをもったであろう。

山から出て来て野に対するにも、野から来て山に入ろうとするにも、いかにも突然という感じのするところである。

新渕橋付近の梓川。0551-13a　1965年6月19日

夏道・冬橋

梓川も島々の谷口まで来ると急に川幅がひろくなり、小石や砂の多い河原があって、ここからゆったり流れはじめるのだが、梓川は水ばかりでなく、山中の土砂を長い間かけて押し流してきて松本平をうずめていった。そして、もとは松本平をいくすじにもなって流れていたのである。

今は、その主流の両側に堤防を築いて、なるべく一本にして流すようにしているが、それでも、その堤防は一すじに長くつづいているものではなく、ところどころ切られて雁行形《がんこうけい》になっている。それはいわゆる霞堤《かすみてい》である。洪水のときの被害をすくなくする重要な対策の一つであった。

川が谷から出たあたりは、川の流し出した土砂のひろがるいわゆる扇状地《せんじょうち》で、西から東へゆるやかに傾斜しており、もとは田に適さず、一面の桑畑であったが、最近は、梓川の水をひいて水田

新渕橋のたもとにたてられた竜渕橋の碑はこの谷の交通のきびしさを物語る。0551-13b
1965年6月19日

化がすすんでいる。

梓川の水は夏と冬とではかなりの増減があった。そのために、この谷口付近には夏道と冬道の区別があった。

島々駅から少しあるいて右岸から左岸へわたる橋のたもとに、竜渕《たつぶち》橋架橋の頌徳碑《しょうとくひ》がたっている。すこし長いがここにその碑文をかかげてみよう。［原文には振仮名なし］

「梓川を夾《はさ》んで筑摩《ちくま》　安曇《あづみ》両郡の増水時の交通が　上流の雑炊《ぞうすい》橋一つに頼った年代は永かった

そしてその奥入りの迂回とかぎかけ山の嶮岨《けんそ》を避けてこの處に架橋の企てられた歴史もまた久しかった

しかし勝手橋として藩庁に顧られないために遂に本橋に至らず　たゞ島々　大野田両村によって渇水期　川幅を狭めて冬橋が架けられてきた　そしてその間は飛騨街道の往来もこの仮橋を越えたが

春の豊水期からはまた対岸の飛騨道にうつり　これを夏道と称《よ》んできた　天正九年十一月此処に武

田と木曾方の合戦があったが　その軍記に　大野田夏道の語が見え　その時代すでに冬橋　夏道の関係が始まっていたことが知れる　これが毎年くりかえされて明治初年まで続けられてきたのである　思えば遠い祖先から世々の人々の自然力に挑む執念のたたかいであった

しかし遂に明治二年　時の先覚有志の人たちによって　この永い間望んで果し得なかった本橋への宿願が達成されたのである　時は明治維新の動乱期　恃《たの》むは多数の協力のみと知った両岸有志の人々は　或は家産を傾け　或は同志を求めて奔走し　ようやく寄付金のみにて最初の本橋を完成し続いて橋永続講を発起《ほっき》して明治十三年長野県による架替まで維持したのである　初めの名は竜渕橋ついで今の新渕橋に改められた　爾来《じらい》約百年　時遷ってはすでに知る人も少なく　先人の功業も空《むな》しく消え去ろうとしている

道は文化の　経済の動脈である　現代の人々は郷土の今日を築く端緒を拓《ひら》いたこの先覚者たちに対して忘恩の徒であってはならない

今思いをこゝに致す同志の者相寄ってこの碑を建て　先覚の功業を讃えてその名を掲ぐ」

まことに名文で、しかも、先祖たちが往来にいかに苦しんできたか、またそれを克服してきたかを物語ってくれる。しかも、この谷の奥には、さらにきびしい自然が人びとのまえにたちはだかっていた。

墓地の木

松本平の村々の墓地には、墓地の中に枝垂桜《しだれざくら》をうえてあるのをしばしば見かける。枝垂桜は、京都あたりでは信濃《しなの》桜ともいったというが、墓石をたてる以前には、木を植え

松本平から梓川の谷にかけての墓地には大きな木がたっている。0551-15a 1965年6月19日

てそれを目じるしにしたためではないかと思われる。

　墓に植える木は、もともと桜ばかりでなく、松やカヤもあったようで、新渕橋（竜渕橋）を北へわたった左手の丘にある墓地には、大きな松が立っていた。その松は二〇〇年以上もたった大きなもので、その下にある墓石が、いずれもこの松の植えられたときより後のものであるところからすると、もともとここは古い墓地であり、埋葬地のしるしに松を植えたものであろうが、後にはそれぞれの家で墓をたてるようになったものであろう。

大野田の石の記念碑

　新渕橋を北へわたったところを大野田《おおのた》という。そこは河崖の上にやや平らなところがあって、五〇戸たらずの民家がある。家の大きさはほぼ相似ており、もとから仲よく暮らしてきたものと思われる。文化六年（一八〇九）に三六戸あったが、いずれも高《たか》持百姓《もち》（土地を所有している百姓）で水呑百姓《みずのみ》はいなかった。そのことが、村の一軒一軒のすまいの姿勢の中にもあらわれている。その上、この村はもとはきわめて活気のあったところであると思われる。それは道ばたにある多くの供養塔《くようとう》によってうかがうことができる。信濃路には村の中の一

古い村には石の記念碑がある。　（上）0551-17b　1965年6月19日
（下）0551-18a　同上

石の記念碑はその土地の信仰と村落結合を物語ってくれる。0551-19b　1965年6月19日

ところにたくさんの供養塔をたてている村が少なくない。

信濃路にかぎらず、東北地方へかけて石の記念碑は実に多いのであるが、一つは日本という国が石が豊富であったことと、石に刻《きざ》んでおけばいつまでものこるということから、石を利用した記念物がたくさんのこされるようになったのであろう。

大野田で見たものは二十三夜塔・大日如来・南無阿弥陀仏・法華千部供養・西国三十三カ所供養、などの碑であった。文化、文政の頃のものが多い。南無阿弥陀仏の碑には「徳本」の署名があった。日本の仏教は家の宗旨は何宗であっても、それ以外の宗旨を信仰していっこう差支えなかった。檀家と信徒とを別に考えていたのである。

そこで、幕末の頃この地でおこなわれていた講を考えてみると、二十三夜待・大日講・念仏講・

法華講などのあったことが想像せられる。それらの信仰は心の支えとして、農民には大切なものであるとともに、講を組織して共同で信仰することによって親睦の機関ともなっていたのである。

なかにはまた、この村から出てはるばる西国三十三カ所をめぐりあるいて来たものもあった。そしてそれはまた、村で供養塔をたてねばならぬほどの記念すべき事業だったのである。そこには廻国者の名もきざまれていた。このような大きな石へ字をきざむには、石を石屋へもっていってたのんだものではなかろう。たいていは招いて来て、川原などから引きあげた石に刻んでもらったものと思われる。

日本中どこへいって見ても、西国三十三カ所を巡拝した供養碑を見る。0551-19a　1965年6月19日

幕末の頃にはこういう風潮が一般に盛んであった。それは造立《ぞうりゅう》の年号が教えてくれる。しかし、このような事実について、村の中には伝承が何ほどものこっていない。それはまた、その後の変動のはげしかったことを物語るもの

信濃路では塞の神は愛の神でもあった。0511-21b
1965年6月19日

であろう。

古い信仰は忘れられていても、そういう供養碑のあるところは、もとは子供のあそび場であり、また小正月のトンドも、こうしたところでおこなわれた。この地方では三《さん》九《く》郎《ろう》焼《や》きといっている。そして、そこには塞《さい》の神がまつられているのが普通だが、ここにも塞の神があった。

この地方の塞の神は男女二神がならんで立ち、両手をにぎり、一方の手を肩にかけあっている姿が多い。いかにも仲のよい神の姿であり、それはまた男女の理想の姿であったともいえる。塞の神はまた性の神と考えたものもいた。だから、ところによっては、男女の交合している姿をそのまま彫りつけているものもあった。

松本平は塞の神のことに多いところであった。村へはいるわざわいを防ぐためにまつったものであろうが、村人に向かっては男女の和合をといていることに、この神の面白さがあった。

木曾棟。いかにもキチンとした清潔な感じ。0551-21a　1965年6月19日

木曾棟

大野田の村の農家には木曾棟が目についた。本棟造りといっている。その古い様式のものは、『私の日本地図1　天竜川に沿って』の中で下市田《しもいちだ》の中村家を紹介しておいた。

この家など比較的あたらしいと思われるが、古い様式が比較的忠実に守られている。ただ、二階との間に小屋根がついている。土間の入口に大戸がたち、それにくぐり戸がついている。昔は、古い家ならばたいていくぐり戸がついていたのだが、このごろはほとんど見かけない。かえって京都あたりの古い町家にこれを見ることが多い。

いま地方の民家はぐんぐん改造して新しくなりつつあるが、信濃路へはいると、もとのままの住いに住んでいるものが少なくない。信濃びとの根性のようなものであろうか。障子なども、硝子《ガラス》はほんの少々用いられているにすぎないが、テレビのアンテナだけはどの家もついていた。

信濃路の土蔵は壁に家印や紋をいれたものが多い。0551-23a　1965年6月19日

紋のある倉

諏訪盆地から松本平あたりをあるいて見ると、もとの自作層以上の家であれば土蔵をもっているものが多い。土蔵はたいてい白壁で、それに紋のついているものが目につく。家印《いえじるし》をつけたものもある。「龍」と書いたものもある。この方は火難よけであるといわれている。

土蔵と屋根との間には隙がつくってあって、屋根が焼けても土蔵そのものには何の被害もないようにつくってある。昔の土蔵は下から棟木に綱がつけてあり、綱を切ると屋根が両方におちるようにしてあるのもあったという。

土蔵の発達は日本では鎌倉時代以後のことであったらしい。『春日権現験記《かすがごんげんげんき》』に火事あとの絵があって、そこに屋根は焼けおちているが、漆喰《しっくい》でかためた蔵がそのままのこっているさまが描かれている。そのようなアイデ

島々遠景。0551-26a　　1965年6月19日

アは後々まで守られたのであるが、東京や大阪では、江戸時代の中期以降になると、瓦の裏側まで塗りこめた土蔵がつくられるようになっていた。

島々

大野田のはずれまで来ると、そこから島々《しましま》が見える。そこは南から来る梓川と北から来る島々川の落合になっていて、少しばかりの平地があり、そこに早くから人が住みついていた。山仕事、すなわち杣《そま》を職業とした人びとであった。田畑をひらく余地のほとんどないところで、それぞれ焼畑づくりをしたり、家のまわりの畑を耕作し、男は杣仕事にはげみ、腕一本をたよりに生きている人びとであったが、村の庄屋は山元〆《じめ》をしていて、杣の労働力を管理していたことから財産をのばす余地もあって、村外に田畑を買いもとめ、小さいながら、不在地主として成長

筆塚。筆子たちが師匠のためにたてたもの。奈川村川浦でも見かけた。0551-27a　1965年6月19日

した者もあったが、ほとんどの村民は、どんぐりの背くらべであった。

筆塚

島々の村の入口まで来ると、そこに筆塚がたっている。「関原明敬翁之筆塚」とある。明治三四年に建てられたものであるからそれほど古いものではないが、明治初年ここで手習塾をひらいて、文字を書くすべを教えた人を記念したものであろう。

筆塚は方々に見かける。たいていは塾とか寺小屋の師匠の徳をしたって弟子たちのたてたもので、地方の文運はたいていそうした人によってひらかれている。筆塚は奈川谷の奥でも一つ見かけた。それは幕末頃のもののようであった。

寺僧も居らず、手習師匠もいないようなところでは、一村誰も読み書きができないというのがもとは一般の有様で、庄屋の書き役は他から雇って来て、庄屋も文字を解しないという村は少なくなかったのだが、大野田・島々はそうした人ばかりでなかったことは、大野田にいろいろの記念碑のあることからも知られる。記念碑をたてることのすきなような人たちは、たいてい、文字をよむ力をもっていた。

徳本峠

徳本とかいてトクゴウとよむ。島々から島々川の谷をたどってゆくことおよそ一二キロ。それはまったく息のつまるような沢である。川がそれほど大きくないから岩場はないけれど、家の造れるような平地もほとんどない。鯔《いわな》留小屋というのがずっと奥に一軒あるだけである。その奥から急なのぼりになって、六〇〇メートルほどのぼると徳本峠の頂上に達する。そしてそこで、全く思いもそめぬような風景に突然接するのである。

峨々《がが》たる穂高《ほたか》の山々がそこに立っている。いままでの深い谷間の孤独な道をあるいて、

昔は上高地へは島々から徳本峠をこえていった。
0551-27b　1965年6月19日

島々の民家。0555-29a　　1965年7月19日

これはまた雄大な山々の姿をそこに見る。眼下にはふかく上高地の谷がよこたわる。梓川ぞいに車道がひらけるまで、上高地をおとずれ、穂高にのぼる人びとは、島々から皆この道をあるいたのであった。そしてその雄大な景色に心をうたれ、ながい思い出にしたのである。

いまは、この道をゆく人はほとんどない。よほど山好きの人びとが先輩の思い出話に興をおぼえてこの道をえらぶくらいのものであろう。

杣の村

島々は杣の村といっても、もう昔のおもかげは、それほどのこっていない。しかし、村の家の一軒一軒が堂々としているのは、材木の採取が自由で、大きな良材が自由に使えたからであろう。家の中へはいって見ても実にゆったりとしている。

杣の仕事は、自分たちの生活をたてるための商売木を伐るほか、御用木《ごようぎ》といって松本藩へおさめる木もとらなければならなかった。この方は薪・三方・板子・棚木・角木などで、そのうち、三方というのは、屋根板、すなわち榑木《くれぎ》にする木のことで、切口が台形になっていて、そのうちの三辺が五寸または七寸あり、これを五寸三方・七寸三方などといったが、長さは五尺から六尺四、五寸くらいのものであった。それを屋根板にするときは半分に切って用いたものである。

榑木の生産は多かった。これは松本の町の屋根をふいただけでなく、牛の背を利用して、上田や江戸方面に送るものも多かったと、『南安曇《みなみあづみ》郡誌』にはしるされている。

杣の村の民家の流し場は、木ばかりでできている。
0555-28b　1965年7月19日

農家の流し場をのぞいて見ても、木はふんだんにつかわれている。いまはバケツ・洗面器・柄杓など、金属になっているけれども、一〇年まえまでは、みな木でつくられたものであったという。そしてまた、他の地方ではほとんど見かけなくなっている洗張板

「このカゴは蚕の小さいときの桑つみにつかいます」
おばさんのことば。0555-28a　1965年7月19日

がたてかけてあった。

村の中をあるいていると、おばさんが大きな籠をもっていた。二重に編んだ籠である。昔は、この形の籠は魚をとるのに用いたという。ずいぶん大きなものだとおどろいたのだが、イワナが実に多かったそうである。いまは主として桑籠に用いているとのことであった。用途はかわっても形のかわらないのは、作る人がおなじで、その人の技術のかわらない限りは形もかわらないわけである。山の中の生活にはこうした間に合わせ式のものが多い。

橋場

島々から梓川をへだてた向いに橋場《はしば》という部落がある。ここは一見しても杣の部落という感じがうすい。飛騨道の入口で番所のあったところであり、いわば小さな宿場の態をなしていた。そして橋場と島々をつなぐ橋が、さきにあげた竜渕橋の碑文に見えた雑炊橋（雑司橋）であった。しかも橋場は島々のすぐ南にありながら、それから四キロほど奥の稲核《いねこき》［現在は「稲核」と表

島々の川向いに橋場がある。0551-29a　1965年6月19日

記」に属していた。

橋場の番所は口留番所として重要な役割をはたしていた。ここから谷奥には広い山地があり、そこから送り出されて来る商売木はおびただしいものであったから、ここであらためて運上金をとったのである。そして運上金をとった者には送り手形をつけてやった。こうすれば他の番所も通過することができる。

昔はこの橋場のところから川の右岸のけわしい坂道をのぼって稲核へいったもので、部落も橋から上《かみ》に発達していた。

焼畑あと　橋場から稲核へのぼってゆく旧道に沿うて、もとは点々として焼畑がつくられていたという。明治になると、そのあとへ桑を植えて養蚕をするようになった。橋場からこうした耕地へ出かけてゆくのはたいへんな労力であった。それでも養蚕がいちばんもうかる仕事だった

焼畑から定畑へ、そして植林へ。島々の南方の山地。
0551-30a　1965年6月19日

ので、きそって桑をうえた。

　その桑も、昭和の初めの不況についで、ナイロンが出現したり、大東亜戦争があったりして生糸がアメリカに売れなくなると次第にひきぬかれて、もう何ほどものこっていない。戦争中はここに食料になるようなものを植えたが、今は次第にカラマツの植林がすすみ、昔の山にかえろうとしている。

　山の民の長い労苦の歴史のあとがこうしてすこしずつ消えてゆき、古い道も忘れられてゆく。

車を通すために道を山の中腹から川のほとりにつけかえた。稲核（いねこき）。
0551-30b　1965年6月19日

2　奈川ダム

谷の道

島々から奥、奈川谷を経て野麦《のむぎ》峠にいたる道を飛騨道といった。もとは飛騨高山と松本平を結ぶ重要な道であった。重要といっても一本の細い踏立道《ふみたてみち》であった。

谷筋を通っているのであるが、谷川の両岸が断崖をなしているところは、山の中腹へ横に道をつけたから、そこまでのぼってゆかねばならず、のぼりくだりは所々にあった。とても馬の通れる道ではなかったので、この山中では、人の背以外は牛の背を利用して荷を運んだのである。

その谷筋に車の通る道のできたのは明治二八年（一八九五）であった。松本の方から工事をおこして、野麦の東麓の川浦《かわうら》まで通じたとき、人びとは夜があけたような思いがした。

古い橋（下方）と新しい橋（上方）。稲核の手まえ。0551-31b　1965年6月19日

新しい道は低いところにできた。川の流れの上の崖の中程をきりひらいて道をつけたところもある。川にかかった橋も昔はみな木橋であった。今のようにブルドーザーもなければパワーショベルもない時代で、ツルハシ一本にたよっての工事であったから、それこそ難工事であったが、とにかく車が通るようになって、この山中の人びとは明治という世のありがたさをしみじみ感じたという。

その道が、大正時代には、奥の方に発電所のできるために、トラックの通れるまでに幅がひろげられ、さらに、昭和四〇年（一九六五）からおこされた奈川ダム工事のために、二車のすれちがいのできる道がなかば旧道を利用し、なかば新しくひらかれて、さしあたってはダムのできる奈川渡《ながわど》まで、さらにそれから奥へのびて上高地にいたる計画もある。

ダム建設の試掘の穴が見える。稲核。0551-33b　1965年6月19日

そればかりではない。上高地にいたる途中から北アルプスにトンネルをあけて飛騨宝川の谷に出、そこから富山にいたる道路もすでに計画にのぼりつつある。そして中央道を岡谷《おかや》からわかれ、塩尻《しおじり》を経て島々・奈川渡・アルプストンネル・宝川渓谷を通るならば、東京－富山間はほとんど一直線になり、この道が全部舗装されるならば、東京－富山間は六時間で結ばれることになる。

こころみに地図をひろげて見ると、そのことがよくわかる。いままでには考えられもしないような事態がおこりつつあるのだが、実は、おなじような道を人びとは七〇〇年もまえから歩きつづけていた事実を忘れてはならない。この道を鎌倉往還といったが、そのことについては後にふれることにしよう。

平地あれば

島々から西南へ二キロ半の奈川渡までの間も実に深い峡谷である。しか

どんなわずかな平地でも田にする。稲抜。0551-35a　1965年6月19日

し耕地がある。そこに多少とも平地があれば耕地がある。そして、日もろくにあたらぬような谷底でも田をつくっている。人びとはいかに米をほしがったことか。いまの若い人たちには、その心情はもうわからなくなってしまっているが、大正時代には、米をたべたいだけの理由で山地を捨てた者は少なくなかったのである。

島々を出ておよそ四キロのところに稲核《いねこき》がある。段丘の上にある村で、江戸時代の終りには戸数が一二〇戸ほどあったから、梓川の谷筋ではいちばん大きな村であった。そして道にそって長く民家がならび、宿場のような態をなしていた。

事実、この村の人たちは旅人を相手にしたり、また自分たちも荷持ちをして暮らしをたてている者が多かった。しかも江戸時代の中

水力電気用の池。稲核の西。0552-!!Sa　1965年6月19日

期から末期までの間に、人口が二倍近くにふえているから、ふえた人口を支えていくだけの仕事のあったことが知られる。言いかえると、この谷を通る旅人や荷の量が次第にふえてきたことを、その数字の中によみとることができるのであるが、今日では、さらに奈川ダムの工事者たちの飯場ができて人口は倍加し、小さな市街地を形成して、映画館・パチンコ屋・バー・飲食店などまでできている。

だが、その村をぬけると、また静かな山谷のたたずまいになり、道のはるかに下を流れる梓川を見ることができる。梓川の水は諸所でせきとめられて、その水を利用して谷の途中に八つの発電所をつくっているが、その水や支谷の水をあつめた貯水池が段丘の上に見られる。

梓川の谷は実に深い。ところによっては、

流水の見えぬ梓川渓谷。奈川渡の東。0552-!!Sb　1965年6月19日

中腹の道から流水の見えないところもある。こういうところに大きなダムをつくれば大きな出力をもつ発電所もつくられるであろうと思われるが、早く水力電気の開発がおこなわれていたために、かえって大きなダム工事のおこされることがおくれたという。しかし、この渓谷を電力会社がいつまでも見すてておくわけはなかった。

梓川は水量も豊富である。ダムをつくれば、貯水量もまた実に大きいであろう。それは誰しも考えたことであった。また、そういうことを考える余裕のできるまでに人びとの気持も成長してきたのだが、一本の細道をたどってこの谷を往来した時代には、これほどさびしい谷はなかった。稲核を出て入山《にゅうやま》というところまで八キロあまりの間は、家が一戸もなかったのである。

それが上高地へ自動車が通うようになると、にわかにこの道がにぎやかになり、今では、上高地

ダムをつくるにはまず道をつくる。奈川渡の東。0552-!Sb　　1965年6月19日

をおとずれる観光客は七〇万人をこえるにいたっている。

奈川ダム

梓川の流域には、さきにものべたように八つの発電所がある。霞《かすみ》沢《ざわ》・湯川・沢渡《さわんど》・奈川渡・前川《まえかわ》・大白川《おおじらかわ》・竜島《りゅうしま》・島々谷がこれで、その総出力は九万五一九〇ｋＷである。ほとんどが水路式で河水の利用度は低い。

そこで、これらの発電所を経営する東京電力は、奈川と梓川の合流点の奈川渡に一大ダムをつくって貯水し、下流の竜水発電所までの落差を利用して、大容量発電を計画したのである。しかも、この発電計画は奈川渡ダムだけでなく、奈川渡の下流の水殿《みどの》と稲核にもダムをつくって貯水し、その水を利用して電力をおこし、その電力を利用して、逆に水を奈川ダムに揚水して、奈川ダムの水をいつも一定量確保しようとする。このようにして、最大出力量八九万四〇〇〇ｋＷを得ようという莫

奈川渡から梓川の発電所を見る。0552-08a　1965年6月19日

大な計画をたてた。

このダムの大きさについて見ると、アーチ式ダムで、梓川と奈川の合流点のすぐ下、高さ一五五メートル、堤頂の長さが三七八メートルというのであるから、この谷がいかに深く、また両岸がきりたっているかがわかる。そして、ダムの容積が六五万立方メートルというのであるから、これに要するセメントの量がいかに莫大なものであるかが想像されよう。

ダムはしかしこれ一つではない。梓川と水殿川の合流点にも、高さ九二メートル、堤頂長三五一メートルの水殿ダム、稲核橋のすぐ上のところに、高さ六〇メートル、堤頂長二三二メートルの稲核ダムができるのである。稲核ダムの予定地には崖の斜面に岩盤の岩質をしらべる試掘孔がほられているのが、通りがかりにも目についた（33ページの写真参照）。

さて、奈川ダムは湛水《たんすい》面積二・七四平方キロメートル、利用水深五五メートル、総貯水量は一億二三〇〇万立方メートル、有効水量九四〇〇万立方メートル。ただこのように書いたのでは想像もつきかねるが、これから本格的な工事のはじまろうとする現場を見て驚嘆するほかはなかった。

ダムのできるところは、両岸のもっとも狭《せば》まったところである。もとの車道は山の中腹からだんだん川のほとりへ下って来て、奈川渡で上高地へゆく道は川をわたって梓川にそって奥へゆき、野麦峠にゆく道は奈川にそって左にゆく。川の合流点はたいていの川がそこに少々の平地をもっているものだが、ここにはそれが全くない。むしろ合流点のところが周囲の山がもっともさしせまって断崖をなしていて、頭上に見る空はほんのわずかである。

ダムをつくる場所は木を伐り岩を削らねばならぬ。
0552-03b　1965年6月19日

はじめてここを通ったとき、道はまだ谷底にあった。二度目にいったとき、稲核からダ

岩場の作業場。0552-02a　1965年6月19日

ムまでの道は山の中腹についていた。それは昔の飛騨道を一部利用したものであった。この道はダム地点からすこし上、奈川谷へはいったところで谷に下り、そこから奈川の奥と梓川の奥へわかれてゆく。

両岸は全くの岩山。その岩山の木を伐りはらい、岩をけずりとってコンクリートをうつ場所をつくってゆく。

土木工事としてはもっとも新しい工法がとられているのであろうが、ふと見あげる崖に丸太梯子《まるたばしご》がかけられているのに興をおぼえた。かつて山中の小道をあるいていると、丸太梯子をのぼりおりしなければならないようなところに時折出あわしたものであった。それは日本でも一番不便なところであった。この工事には、そういう古風なものも同居しているのである。

奈川への道。0552-31a　　1965年6月20日

さて、このダムは奈川と梓川の二つの谷を水でうずめてV形の人造湖ができる。奈川谷の方は奈川渡から六キロほど上流の古宿《ふるやど》というところまで水没し、梓川の方は八キロほどのところにある沢渡《さわんど》の近くまで水没する。すると谷底を通っていた車道は、湖面にそって新しくつけかえなければならなくなる。

上高地への道は、ダムの上を通って川の左岸にわたり、ダムにそって沢渡までいってそこで谷底の道につながる。奈川谷の道はダムの南岸を古宿にいたっていまの車道につながることになる。

奈川谷の谷底にある角《つの》ガ平《だいら》、田《た》ノ萱《かや》などの部落は、昭和四〇年十一月にいったときには、もう立退きの補償額もほぼきまってその準備をはじめているらしく、戸をとざしたままの家も二、三見かけた。話がきまれば、みな浮足がたってくる。しかし、そこにはまた何らかかえりみられない犠牲者もいるのである。

神祠峠

神祠峠と書いてホコラ峠とよむ。奈川谷の方の湖のほぼ中央の北岸を四〇〇メートルほどのぼったところに一〇戸あまりの部落がある。ほんとに忘れ去られたような部落であるが、もとは活気があった。

ここは昔の鎌倉往還にそっていたし、白骨《しらほね》温泉への通路でもあった。松本平から白骨の湯へ湯治にゆくものは、島々から飛騨道を歩いて稲核、入山《にゅうやま》をすぎ、角ガ平で谷底へ下り、角ガ平の丸木橋を渡って神祠峠をこえた。そして大野川へ下ってさらに桧《ひのき》峠をこえて白骨へいったのである。それがまた昔の鎌倉往還でもあった。したがって、ずいぶん古い昔から人の往来が見られた。

奈川渡ダムをつくるにはトンネルをぬいてダムの部分は川水が流れないようにしなければならぬ。0552-03a　1965年6月19日

昔は、峠をこえるには、すこし大きい荷を持つものは強力《ごうりき》の力をかりる必要があった。神祠の人たちは、旅人の荷を背負って峠をのぼったり下ったりするためにここに住みついた。日あたりはよし、それに少々傾斜のゆるやかなところもあって、車のない、徒歩にのみたよらなければならない時代には、こういうところに住んでみてもそれほど不便ではなかったし、木の実、草の根をとって食料にもあて、のどかな暮らしをたてることができた。ところが、奈川と梓川の谷に車道ができると、もうこの峠を越える者はなくなってしまった。旅人を相手の生活は思いもよらなくなった。

ところが、こんどはダムができて、道の下端は湖に浸かってしまうことになる。わずか一〇戸あまりのために対岸へ橋をかけてくれる親切など、電力会社にはない。そして、まったく袋小路に追いこまれてしまったのである。かりに北岸へ道を

排水用トンネル。0552-04b　　1965年6月19日

つけて奈川村黒川渡《くろかわど》へ出るようにしても、そこは今まで何のゆかりもないところであった。もとより、ダムによる被害の補償もない。やがてこの村はほろびてゆくであろうが、いたましい限りといわねばならない。いちど行ってみたいと思ったが、とうとう時間をつくり出すことができなかった。

渡という地名

梓川・奈川の谷には「渡《ど》」という地名のつくところが多い。梓川には沢渡・前川渡があり、奈川には奈川渡・黒川渡・寄合渡《よりあいど》がある。天竜川には西渡《にしど》というところがあった。この渡《ど》は渡し場のことではなく、土場《どば》のことであった。

山で伐り出す多くの薪は土場にあつめ、木印をつけて川におとしこむ。材木なども同様であった。それが松本の西の島内《しまうち》というところで引きあげられて、松本へ運ばれた。

川へ薪や材木を流すと、川狩《かわがり》ということがおこ

ダム工事はいのちをかけた仕事だ。0552-10a　　1965年6月19日

なわれた。トビグチをもって、川の岸をあるきながら岩にひっかかっている木を流れのなかへ押し出すのである。この作業はほとんど冬おこなった。夏だと大雨でもふれば、せっかくの木がみんな押しながされてしまう。そういうことは天竜川の管《くだ》流《ながし》と何らかわることはなかったが、奈川の奥あたりから川狩をすることになると、島々《しましま》まで出るのに二日以上もかかったそうで、途中で小屋がけして一泊しなければならなかった。何人かで組を組んでの仕事であったとは、奈川村寄合渡の老人からきいた話であった。

土場は、渡《ど》という地名のついたところだけではなくて、たくさんあった。しかし、杣仕事は村の庄屋《しょうや》が管理していたので、ほぼ一定のところへ木を出すように心がけていた。木曾谷では杣頭のことを庄屋といっているが、それはもともと村の庄屋の役目だったからである。

今はそういう話も遠い昔語りになった。そして奈川渡は湖底深く沈む。ダムをつくるために、流水をトンネルで、ダムの部分をさけて通さなければならない。そのトンネルもすでに開通していた。

新しい技術の粋をあつめても工事の危険なことにかわりはない。その危険なところに「腰にしっかり命縄今日も俺らをたのんだぞ」という立看板がたっていた。どうか佐久間ダムのような大勢の犠牲者を出さないようにと願うばかりである。

川狩からダム建設へと、様式はかわれど、この谷での自然との戦いは永かったが、ダムが完成してダムの上を道が通ずると、都人士《みやこじんし》たちは、こういう人びとと苦労とは無関係に、自動車ではなやかにスイスイと通りすぎてゆくであろう。それはそれでよいのであるが、危険に身をさらしつつ働いている人たちを見て、この人たちのむくいられることの少ない働きが、ここを通過する人びとの心に、もうすこしとまるような方法はないものかとしみじみ思った。

奈川をさかのぼって田ノ萱まで来ると空があかるくなる。0552-28b
1965年6月20日

3 奈川谷

牧の村

奈川渡で梓川とわかれて飛騨道をたどる。奈川谷である。この谷は奥が深いけれども水量がすくない。奈川渡から三キロほどゆくと、角ガ平《つのだいら》というところがある。神祠峠《ほこら》へはここから右へのぼってゆく。

川をわたって左へのぼれば入山《にゅうやま》へゆく。奈川渡と角ガ平の中間、谷底から二五〇メートルほど上った、やや傾斜のゆるやかなところにある。徒歩時代には、神祠峠とおなじように荷持ちを主とした強力《ごうりき》の村であったが、飛騨道が谷底を通るようになって、まったく忘れ去られていた。それがダムができると、奈川谷へはいる道は入山のすぐ下を通ることになり、また湖畔の村として観光的な価値も

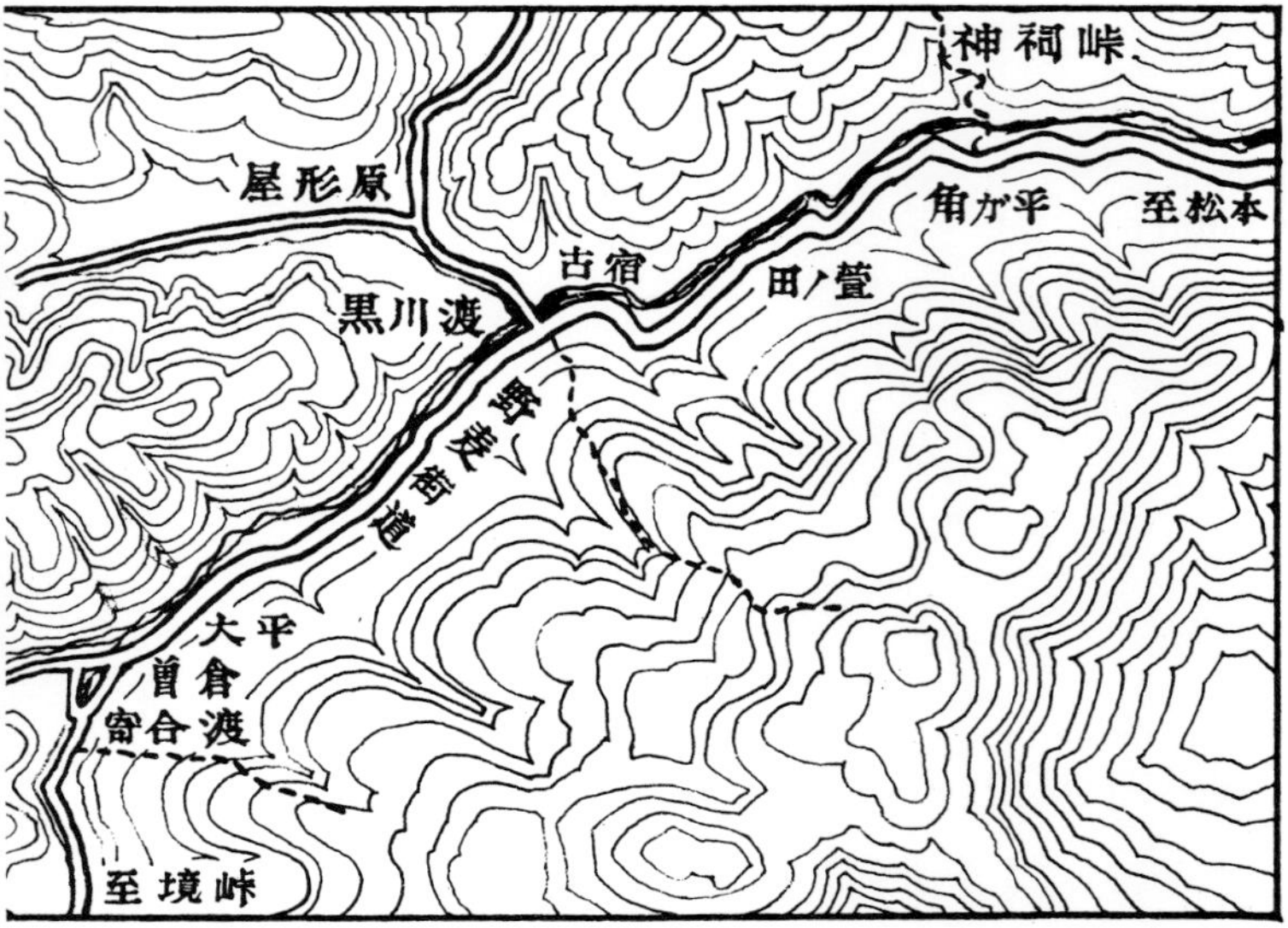

出てくるだろうと、部落の者は大いにはりきっている。もとおなじような条件にあったのだが、神祠峠とはまったく対蹠《たいしょ》的な変化をすることになる。山中の村は自分たちの力だけではどうにも運命の切り開きようがないのである。

奈川の谷は、角ガ平をすぎて田《た》ノ萱《かや》あたりまで来ると谷が浅くなった感じで、空がひろくなる。そして、川の右岸には河岸段丘が発達してくる。左岸の急傾斜も立木が少なく、草生地になっているところがひろい。昔から村の草刈場だったところで、夏草をそこで刈った。田のほとんどない村で草を刈ったのは、牛に草をたべさせるためであった。

奈川村はもとは牧の村であった。いま奈川村といっているけれども、鎌倉時代には西牧《にしまき》とよび、また西牧を姓とする土豪もいた。主として右岸の河岸段丘の上が牧場に利用されていたようである

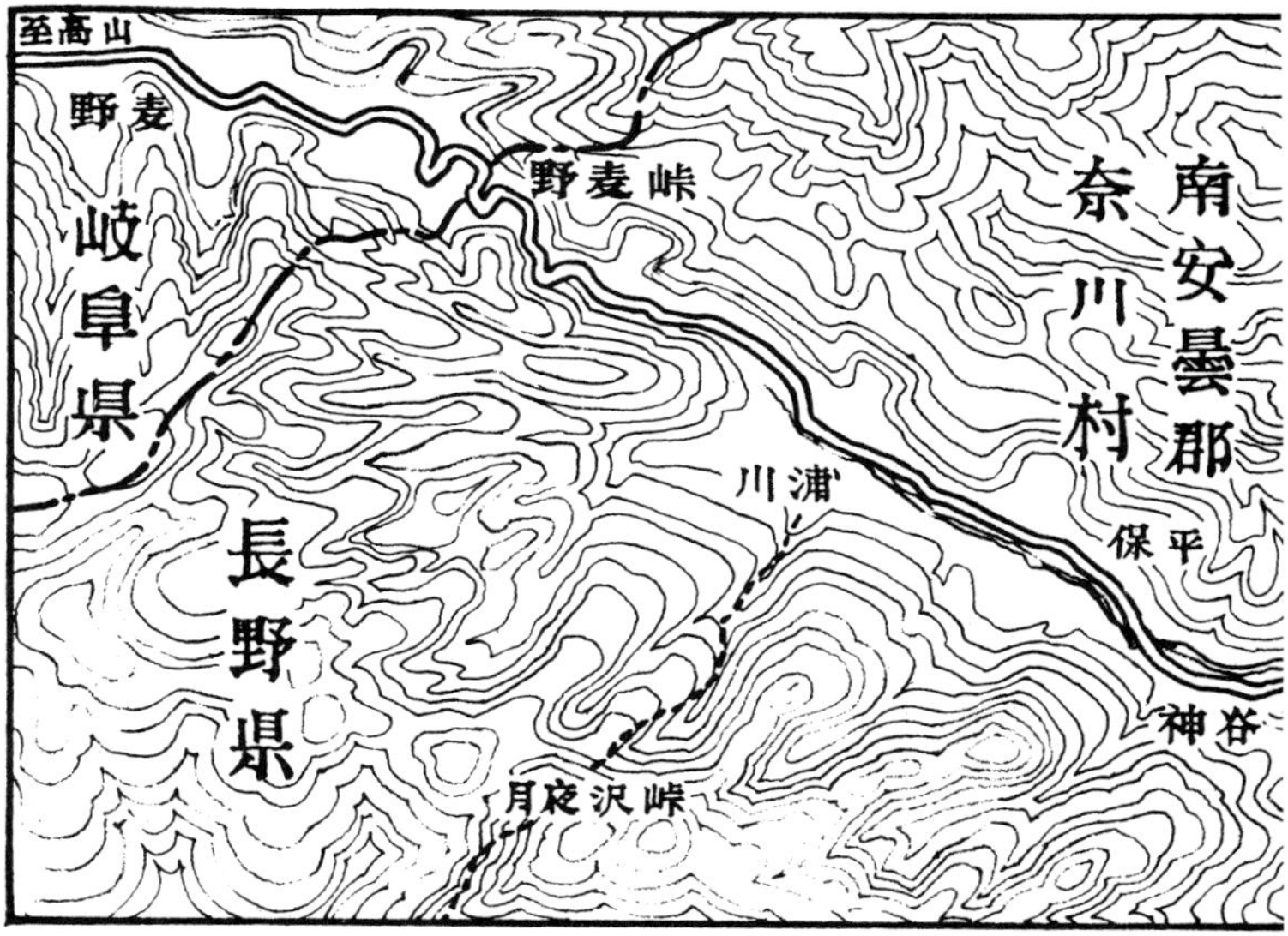

が、江戸時代に入ると牛の放牧が主になった。

草刈場の方は少々急傾斜でもよい。牛をあそばせるのでないのだから。そして、昔はそこへ火をつけて焼くこともあったというが、今はそのこともやんでいる。が、いずれにしても畜産の村としてのおもかげはとどめている。

文政一一（一八二八）年には、戸数三五〇に対して牛が四〇〇頭あまりいたという。安曇郡の村々にこんなに牛の多かった村はなかった。しかもこの数字は、かなりあいまいであったと思う。実数はもっと多かったはずである。これらの牛は荷物運搬のために利用したものである。

なぜここに牛が多かったか。もと牧場だった関係もあるが、奈川村は、藩政時代には木曾に属し、尾張藩であった。尾張藩は、木曾では荷物運搬に牛を利用し、これを岡船《おかぶね》とよび、牛方は尾州岡船の鑑札をもって方々へ荷をつけて出かけていった。

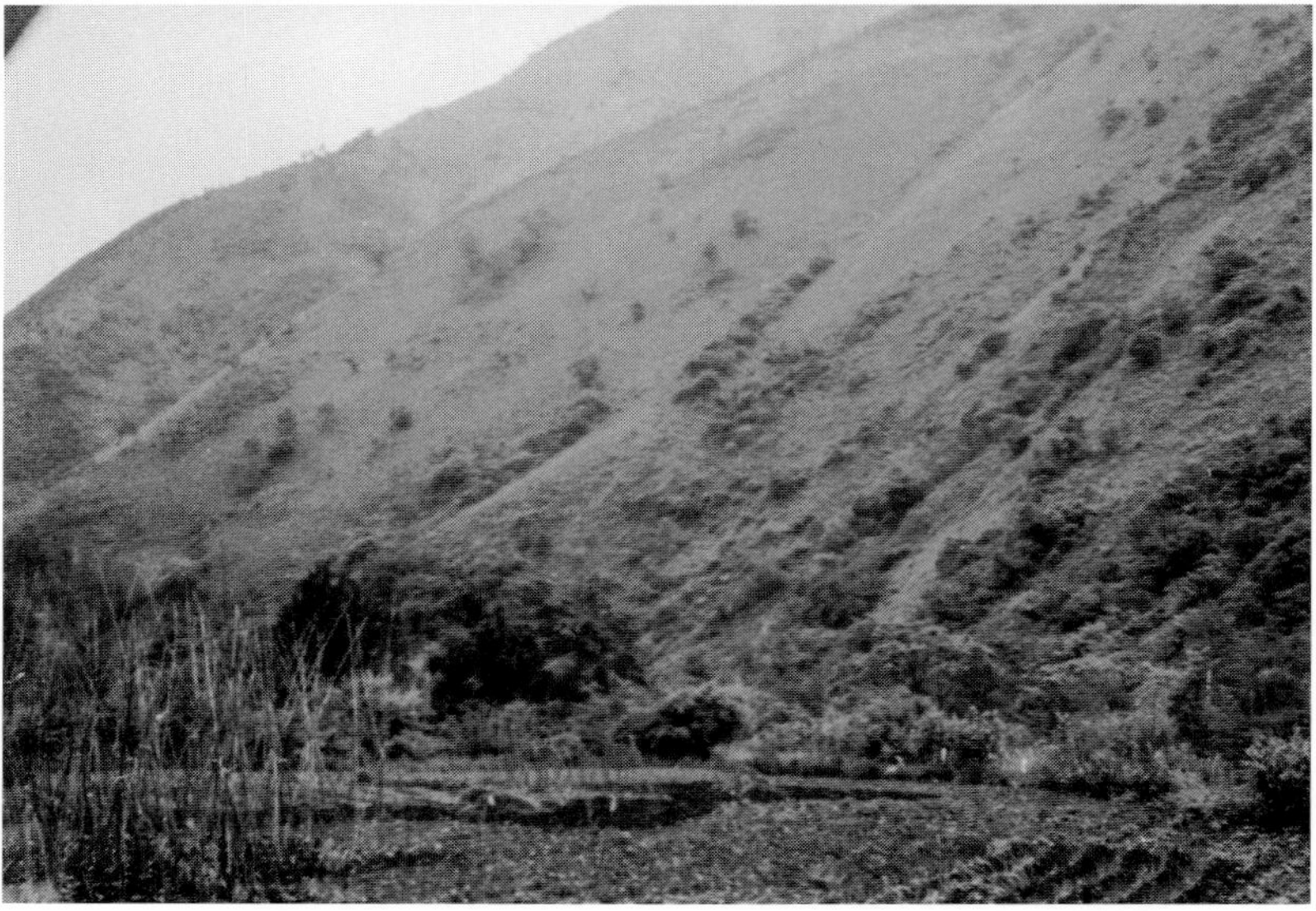

（上）右手の山は草刈場。0555-36a　1965 年 7 月 19 日
（下）奈川左岸の山の斜面は草刈場がひろい。0552-12a　1965 年 6 月 19 日

ダム工事従事者の飯場。0552-14a　1965年6月19日

飯場

　奈川渡ダムの工事は大工事である。島々から奈川渡まで道を二車線にひろげて、トラックを利用しても資材を十分はこびきれないから、別に索道をもうけて、それによっても資材をはこぶ計画をたてている。

　ところが一番困るのは、工事のためにやって来た人たちの飯場をつくる場所が、ダムの付近にないことであった。そこで大半の飯場は稲核におき、また奈川渡に近い奈川発電所付近にも多くの飯場をもうけ、一部は奈川村の古宿《ふるやど》においた。

　山の中の村は工事関係の人たちの入村によってにわかに人口が増加したが、奈川村では、それが村人と交流することはほとんどないようである。わずかに子供たちが村の学校にかようくらいで、買物なども、トラックを利用して松本まで出かけるものが多い。

飯場の女たちは洗濯好き。0555-37a　1965年7月19日

飯場の人たちはきれいずきで、女はたえず洗濯している。一つは洗濯機のあるおかげで、洗濯も楽になった。飯場のそばはいつ通って見ても、洗濯ものがいっぱいほしてあった。

飯場から一キロほど上流にある黒川渡の女が、「わたしたちもあんなに洗濯する時間がほしい」としみじみこぼしていた。電気洗濯機は村の人も買っているのである。だからおなじように洗濯できるはずだが、そうもいかないそうである。

しかし、こういうことが何らかの意味で村人たちに刺戟を与えるだろうと思う。

飯場の子供たちは村の子供よりもしつけがよいと言っていた。昔は土方というものは風儀がわるいのでおそれられていたが、いまはその逆で、むしろ村人が工事関係者たちに接近したがっている。親切でいろいろのことを学べるからである。それがまた村に新風を吹きこむことにもなろう。

板壁の家。昔の宿だった。こうした形式の家は宿が多い。0554-17b
1965年6月22日

板壁の家

奈川の谷をあるいていると、ところどころに、全然土壁を用いないで、板壁だけの家を見かけることがある。板壁でつくられていても、いかにもガッチリしている。昔はこうした家は少なかったが、明治二〇年代から造られるようになってきた。平屋建てもあるが二階造りになったものが多い。このような様式の家は木曾の大工がたてたという。

木曾の家は板壁であることが特色である。木曾の奥は冬が寒く、土壁に多少でも水を含んでいると、凍って土がぼろぼろになる。それで板壁になったのだといわれるが、もう一つは、材木が豊富であったことにあろう。その材木もヒノキ・アスナロ・トウヒ・マキなどのような針葉樹が多く、それらは幹がまっすぐで、年輪もはっきりしている。そこで、丸太を板にするとき楔《くさび》をうちこんで割ることができた。

板壁の家。農家。0552-26b　　1965 年 6 月 20 日

ずっと昔には横挽《よこびき》の鋸《のこぎり》はあったけれども、縦《たて》挽《びき》の鋸はなかった。だから板をつくるには、縦挽の鋸で挽き割るのではなく、楔を打ち込んで割ってゆき、割った面をやりがんな（槍鉋）で削ってなめらかにしたものである。そういう技術が木曾や飛騨には長くのこっていて、縦挽の鋸が出現した後も、なお用いられていた。それは板の面を見ればわかる。後にはちょんな（手斧）で削るようになったが、二〇〇〇年以前のものは、やりがんなが多いようである。

木曾の大工はそういう板を多く利用したが、明治に入ると、縦鋸で挽き、台鉋《だいがんな》で削るようになった。群馬県利根川のほとりに木曾氏の一族のおちついた村があるそうだが、そこでは周囲がみんな土壁づくりなのに、板壁づくりであるという。板壁の家は柱や桟《さん》を外に出して中から板をうちつける。それが一つの美しさを描き出している。

チョウズバ。畑の中にある。0552-18b　1965年6月20日

便所と風呂場

板壁の家のことについてふれたついでに、便所と風呂場についても見てゆこう。

黒川渡付近では家に便所のついているものもあれば、家からはなれたところに、板葺《ぶき》・板壁の便所をよく見かける。この地方は今日では便所を標準語でいっているが、つい最近までは、家の中のものをセッチン（雪隠）、家の外のものをチョウズバ（手水場）といっていた。チョウズバは外からかえったとき、あるいは、仕事着・土足でゆけるので便利である。納屋《なや》にしては小さいと思って中をのぞいたら便所であった。農家ならばたいてい各戸に手水場をもっている。

便所を家からはなれたところにもっているところは少なくない。佐渡などもそういうところで、ここでは入口に菰《こも》をさげていた。また利根川の下流の河内村《かわちむら》などでも小さい便所が、道をへだてて

チョウズバ。黒川渡。　1965年6月20日
（上）0552-18a　（下）0552-27a

家の向い側にならんでいるのを見かけたことがある。これは小さくはあるが、屋根や扉などにもデザインに工夫がしてあって興をおぼえたことがある。

私は自分たちの排泄物をどんなに処理してきたかに興味をもっている。『餓鬼草紙《がきぞうし》』絵巻など見ると、一般民衆は高足駄をはいてとびちったものが足にかからぬようにして空地で大小便をしている。ずいぶん不潔なものであったと思う。便所の絵のでてくるのは室町のはじめにかかれた『慕帰絵《ぼきえ》』で、別棟の小屋になっている。土に穴をほり、その上に板二枚をわたしてその上にまたがって用をたしたのである。便所は不浄場として一般に主屋《おもや》からはなれたところにつくるのがならわしだったようである。

こうしたところの便所にもそのおもかげが見られる。そして粗末なものから次第に形のキチンとしたものになってゆきつつある。農業をしない家は、ほとんど内便所になっている。

共同風呂場。黒川渡。0557-19a　1965年7月27日

便所と同様、風呂場も問題にしていい。長野県では、風呂場は共同風呂になっているものが多い。小さい部落ならば一部落に一つある。

黒川渡の西岸屋形原《やかたはら》へゆく途中にもそれを見かけた。これは下をコンクリートでかため、小さいながらキチンとした建物になっている。中に仕切はなく混浴になっている。混浴というといかがわしいように思うけれども、もとはきわめてあたりまえのことで、長野から東北へかけての温泉は、もとはみな混浴であった。今も混浴であるものは少なくないし、その方が気もやわらいで湯をたのしむことができた。風呂は家々が順番でわかしたものであった。そうすれば、一戸一戸でわかすより費用もかからず手間もはぶけるし、風呂場でみんながはだかで話しあえることが、お互いの気持をとけあわせたのである。しかし、サラリーマンは個々で風呂をもってきた。

水力電気用貯水池。黒川渡。0552-13b　1965年6月19日

黒川渡

奈川の谷は黒川渡《くろかわど》まで来ると、空がひろびろとなってあかるく、しかし平凡な谷間の村になる。

村の入口のところに大きな貯水池がある。水力発電用のダムで、奈川の支流黒川の水をここにうけている。こういう谷でたたえられた水を見ると、妙にホッとする。両方の山のさしせまった圧迫感から解放せられるためであろう。

だから、奈川渡にダムができたら、この谷はあかるくなるだろうと村の人たちは話していた。そして実は、この貯水池までが奈川ダムの湖に沈むことになる。

島々から谷をつたってあるいて来た人たちは、黒川渡まで来るとほっとするという。谷があかるくなったことも原因だが、道もゆるやかになってくる。それに谷の両側の山にあたる風が木の葉をなびかせているのも、ここまで来ると目にとまる。

黒川渡。左岸の民家。0552-28a　1965年6月20日

黒川渡は、奈川村の役場や農協、小中学校もあって、いま中心地になっているが、家は九〇戸あまり、それが奈川にそった狭い平地にかたまっている。明治の中頃まではわびしいところであった。その頃は、黒川渡から東北へ一キロほどのぼった古宿の方が栄えていた。それが、ここに役場がおかれたことから、次第に発展するようになってくるのである。

昔は、役場のあるところに駐在所がおかれた。さらに、ここへ寄合渡にあった郵便局も移され、また、木曾薮原営林署の担当区もおかれた。そのうえ農協も役場もできると、農業や林業にたずさわる以外の人口がずっとふえてきた。その人たちは、住居と作業場をかねたような昔の家を次第に改造していって、赤や青のトタン葺の、窓には硝子《ガラス》障子のたっているような家をつくるものが多くなった。そして、谷の口にある大野田や島々よ

石置屋根からトタン屋根へ。黒川渡。0552-29b　1965年6月20日

りは、かえって近代化した感じの村をつくりあげてきたのである。一見すると、どうしても谷間の温泉地という感じがする。

人びとがこういう家に住むということは、そのような家を欲する人がいるということである。そういう家の好みをもつものは、だいたい若い者に多い。したがって、この村には若い世代の人が多いということになる。事実、若い人たちが多いのである。

私たちの調査の対象になったスーパー林道というのは、ここを起点として、屋形原《やかたはら》・駒ケ原《こまがはら》・白《しら》樺峠《かばとうげ》・番所《ばんどころ》・白骨《しらほね》を経て、梓川右岸山地の中腹、昔の鎌倉往還を通って中ノ湯にいたるものであるが、この山中のささやかな村が、あたらしくひらく一本の道によって、どんなにかかわってゆくかを見ようとするのが私たちの調査の目的で、私はこの黒川渡にしばらく腰をおちつけて調査した。

養蚕道具を二階の軒下につむ。黒川渡。0552-21a　1965年6月20日

かいこの村

奈川村は山奥の村で、しかも、どちらへゆくにも峠をこえるか、深い峡谷をながながとあるいて行かなければならないようなところで、いわば陸の孤島といっていいようなさびしい山中である。町村合併の折も、隣の安曇村と合併の話が出ないではないが、あまりにもかけはなれていて、別々の存在であった。しかも村の境域は実にひろいのである。

奈川村が一一九平方キロメートル、安曇村は四〇六平方キロメートル。この二つの村で、南安曇郡全域の六一％余をしめているのだが、人口の方はいたって少なく、奈川村が一平方キロあたり一九人、安曇村は八人にすぎない。長野県ではもっとも人口の稀薄なところである。しかも、安曇村は森林面積の八三％が国有林であり、奈川村は四五％が国有林なのである。山は広いが、自分たちの持山でない山があまりにも広かった。

古い土蔵。土壁があつい。黒川渡。0552-27b　1965年6月20日

それでも、そうした環境の中で人びとは生きてきたのである。

安曇村など、もう江戸時代の中頃から山の木の不足を藩に訴えているが、材木の不足したのは民有林においてであって、藩の所有するお留山には、木はいくらも原始の姿でたっていた。

山に木が少なくなると、林業以外の仕事を見つけなければならぬ。黒川渡付近では明治中期から後は、養蚕が村の重要な産業になっていた。

古い時代の記録があまりないので数字は明らかでないが、昭和六年（一九三一）の村勢要覧の数字を見ると、奈川村の水田面積は一五ヘクタール、畑の面積は三〇二ヘクタールであったが、そのうち一二四ヘクタールは桑畑であり、二五二戸の農家が養蚕をおこなっていたのだから、いかに盛んに養蚕がおこなわれるようになっていたかを知ることができる。

郡境変更記念碑

黒川渡の役場の上に郡境変更記念碑がたっている。奈川村はもと西筑摩郡に属していたのが、昭和二三年、南安曇郡に所属変更になった。その記念碑である。

西筑摩郡は木曾地方のことであり、木曾はもと木曾氏の領有したところ。木曾氏が江戸時代の初めに所領を失ってから、尾張徳川領となり、福島に代官所をおいて山村氏がここに在住統治した。

郡境変更記念碑は役場のまえに立っている。
0571-05a　1965年11月5〜6日

さて、梓川流域にある奈川がどうして山をこえた南の木曾領になったか明らかでないが、古くは、奈川は松本平よりも木曾の方へ、より密接なつながりをもっていたのではないかと思われる。というのは、梓川ぞいに飛騨道が通じていたことは事実であるが、それは峡谷の中の道で危険きわまりないもので、歩いても道程はなかなかはかどらなかった。だから、ここに居た西牧氏は松本にいる小笠原氏と対抗しつつ一小国を形成することができたのである。それは一つには峠をこえて木曾に通ずる道があったためであった。

南へ通ずる峠は二つあった。西を月夜沢《つきよざわ》峠、東を境《さかい》峠という。この道も、またずっと以前には鎌倉往還とよばれた。土地の古老の話では、月夜沢峠の方が古く、飛騨高山から野麦峠をこえて川《かわ》浦《うら》へ下り、そこから南へのぼっていくと月夜沢峠になる。名まえはやさしいが二〇〇メートルほど急な坂をのぼらねばならなかった。ここを南へ下ると木曾の開田村《かいだむら》に下る。そこは谷もひらけ、峡谷のおもむきはない。だから、梓川峡谷をあるくよりは楽であった。境峠も同様であった。つまり、奈川の人は松本へ出るよりも木曾へ出る方が都合がよかったのであるが、峡谷に車の通う道ができると、物資は峠越えによらず、谷の道を通って入って来るようになる。

大東亜戦争がはげしくなって、あらゆる物資が配給せられるようになったとき、奈川の人びとは非常な不便を感ずるようになった。西筑摩郡に属しているので、配給管理は木曾福島の地方事務所がおこなっている。その配給物資は松本から福島へ送られ、奈川のものは福島からもう一度、松本へかえされて、トラックで奈川へ運ばれることになる。この奇妙な矛盾が戦時中の多忙な中でもくりかえされてきたのである。奈川の人が、直接松本から配給物資のもらえるように運動してもゆるされなかったのである。しかも、配給上のいろいろの問題をとりきめるためには、境峠をこえて福島へ出かけねばならぬ。そういう馬鹿気たことが官僚の手によって平然としておこなわれ、地元の人たちの苦労は無視されたまま終戦を迎えた。

ところが、昭和二〇年に梓川峡谷は豪雨にみまわれ、道は山くずれのためにふさがれ、橋という橋はおちてしまった。そしてその復旧はおくれた。木曾から見れば、領域は木曾であっても山向こうの村である。おろそかになるのがあたりまえである。その上、物資のヤミ取引ができなかった。小さな仮橋のたもとに巡査が立っておれば、すべての人を訊問できる。そこ以外に通ることができないのだから。些細なものでもいちいち訊問にひっかかって、奈川の人たちは手も足も出ず、窮乏のどん底におちいった。そういうところに限って警察もきびしい。どんなところでもヤミ物資が動いたから皆息がつけ、復興もおこなわれたが、奈川は逆に、ヤミ取締のためにたたきのめされてしまった。せめて南安曇郡に属して松本から直接物資配給をしてもらえるなら、その配給物資にまぎれて多少のヤミ物資も入れられるのではないかと、郡境変更運動に努力して、ついに昭和二三年に成功したのである。すると、配給物資の取引が松本になったので、予想通り多少ずつヤミ物資もはいるようになり、とにかく餓死からまぬかれたのである。その当時の苦労話を古老たちからきくと胸のつぶれる思いがする。

この配給制度とヤミ取締の圧迫から村民が生きいきとした活動力を恢復するには、他の村よりも二、三年多くの月日を要し、車が島々から黒川渡まで通ずるように恢復したのは昭和二七年であった。つまり、奈川は昭和二七年までは戦後のままの状態できた。それでもとにかく南安曇郡に属するようになっていたので、西筑摩郡時代よりは多くの便宜が得られた。この郡境変更記念碑には、当時の村人にとっては言うに言えないほどの感慨がこめられているのである。

ならぶ石碑に村の歴史がある。黒川渡。0552-14b　　1965年6月19日

黒川渡の石の記念碑

黒川渡にも、村役場のまえ、古宿の方へ上ってゆく道にそって、たくさんの石碑がたっている。年代的に見ると、ここのは幕末から昭和の初めまでのものがある。

その中でひときわ目立つのは、南無阿弥陀仏の碑である。念仏が民衆の心をとらえた力は実に大きかったようで、その地方におこなわれた宗旨の如何をとわず、この碑を国の隅々にまで見ることができる。しかも、石にほられた字はたいてい達筆である。これを書く僧がおり、その書いたものを石工《いしく》が刻んでいった。黒川渡も念仏宗のおこなわれている地ではない。だが、念仏を信仰する行人がここに来たものであろう。この山の奥まで。そして念仏によって極楽往生の功徳《くどく》をといたに違いない。

念仏宗は一種の雑草のような力をもった宗教で

あった。そのことについては、どこかでまたくわしくのべてみたいと思う。

その念仏宗にちなむものとして、三界万霊塔がある。元来、先祖はその家に属する子孫たちのまつるものである。人の霊はまつるもののあることによって極楽に往生できると考えた。家を大事にし、家の永続を願ったのは、一方から言えば、我が身の死後、子孫の祈りによって極楽に往生することも重要な理由の一つであった。しかし、世の中にはまつってもらうことのない霊も実に多かった。身寄りのないもの、あるいは旅で行きだおれた者などがそういうもので、その人たちの供養のために三界万霊塔をたてて供養したのである。この塔は寺の前にたっていることが多い。

無縁仏のために。0557-05a　1965年7月25日

ここのものは角柱の上に観音の座像をのせている。多くの旅人の通過したこの谷には行きだおれもまた少なくなかったと思われる。

巡礼の記念に。0557-06b　　1965年7月25日

島々にも巡礼供養塔があったが、ここにもまたそれがある。しかもここのものは、西国三十三カ所のほかに、坂東（関東）秩父などの観音を巡拝した供養塔で、施主は飛州高山となっているから、高山の者がわざわざここに建てたのであろう。その理由はわからないけれども、あるいは、巡礼者がここまで帰って来て死んだのかもわからない。

供養塔をたてるほどの人ならば、多少のゆとりもなければならぬ。そういう塔を、中心をなす部落に一つは見かけるということは、塔をたて得ない巡礼者はなお多かったと考えられるのである。こうした霊場巡拝者たちは、親を早く失ったとか、子を失ったとかいうような者が多く、死者の霊をなぐさめるために遠い旅へ出ていった。山の中のささやかな村の人びとが決して世間と隔絶していたものでなかったことは、こうした塔で推定せられるところである。

しかし、私がこうした巡礼塔を写真にとりはじめたのは新しいことであった。早く昭和一五年頃から気がついておりながら、これを見かけた場で写真をとり、また記録にとどめることをしなかった。それは一つの怠慢であったといえる。このような塔が、どういうところにどんな密度で分布しているかがわかるだけでも、江戸時代の民衆の信仰の旅の足跡はたどれるはずである。そしてそれは、意外なほど数も多いのである。

蚕の豊作を祈って。0557-05b　1965年7月25日

黒川渡にはまた蚕玉様《こだま》もまつられている。蚕の豊作を祈る神で、長野県には、いたるところにこの神の石塔を見かけ、それのあるところはまた、養蚕が盛んであった。そのことについては後にふれてみたいが、いまは神をまつる人も減ったのか、草にうずもれているが、山中の村といえども、松本平の村々などとかわらないような信仰をもってきてい

牛・馬の霊をまつる。0557-08a　1965年7月25日

たのである。

　この地で馬頭観音と大日如来のまつられているのは、この地に牛と馬がいたからであった。この村に牛の多かったことはさきにもかいた。

　大日如来は牛の守り神とせられ、牛が死ぬと大日如来の石塔をたててまつったものであるが、明治の中頃、松本までの車道ができるとこの谷に馬車がふえ、したがって馬がふえてきた。その馬の死ぬこともあって、供養のために塔をたてた。そうしたものが、一カ所にならんでいる。したがって、ここは村の一種の聖地のようなものであった。

　ここにはさらに三十三体の観音がまつられていた。舟形石にレリーフの観音像がきざまれている。いまは三十三体にたらなくなっているが、そのはじめはそろっていたものであろう。これもまた、西国三十三カ所をまわって来たものの発願《ほつがん》によるものと思われる。

三十三観音が一列にならぶ。0557-07a　1965年7月25日

長い旅をつづけて三十三の霊場をまわった者が、それぞれの寺のお札をうけて来、三十三体の観音をきざんで村のうちに建てておけば、遠い旅をつづける余裕のないものは、ここで拝んで巡礼の旅をしなくてもすむと考えたのである。西国の霊場をまわることは、この地の人にとっても念願の一つであったのだろう。

人びとはこうした山中にいても、山の彼方《かなた》の世界を夢見、また、あこがれていたのであった。あるいは、こうした山中の民の方が平野の民よりも、もっと強烈に遠い世界にあこがれていたのかもわからない。信仰のためでない旅ならば、この山中の人たちは、牛を追って江戸まで出かけた経験をもっているものが少なくなかった。

われわれには山中の村を秘境と見たがるロマンティシズムがあるが、実は、彼らはひろい世界につながりをもっていたのである。

黒川渡の上の河岸段丘。0557-18a　1965年7月25日

段丘の上

黒川渡から奥の奈川の左岸のすこし高いところに立つと、右岸の河岸段丘をのぞむことができる。昔、牧場だったところであり、さらに数千年まえは狩場だったところである。いまでも、この台地の上を開墾していると、縄文土器や石鏃の出てくることがある。そしていまも、この台地からその向こうの山地にはクマが棲息している。

私がここをおとずれた夏のある日、放牧の牛がクマにくい殺された事件がおこった。そういうことは時折ある。村の狩人たちがクマ狩をおこなうけれども、山が広いのでとりつくせないという。いま、この台地もほとんど水田にかわっている。そして、その水田が奈川の村人たちの生活を安定したことは大きかった。

私たちは村を去る前日の夕方、この台上にある古宿《ふるやど》の部落をたずねた。

昔は牛宿であったという。今は養蚕用に。古宿。0557-11a　1965年7月25日

古宿

そこは旧道にそう古い村であり、昔は牛宿もあった。独特な家の建て方をしたもののあるのは、そうした宿の名残《なごり》であるといわれるが、それを養蚕用に改造して蚕を飼ってきた。二階造りで、二階へ上るのは外に梯子段《はしご》があり、今日の都会のアパートのような様式であるのが面白い。昔は、この二階に旅人をとめ、階下の土間に牛をつないだのであろう。

昔といっても、このような家の発達したのは明治になってからであった。それまでは二階屋はなかったのである。

旧道は、黒川渡から下は、段丘の上にあがって山の中腹を入山《にゅうやま》の方へいったのである。そして、黒川渡が発展するまでは、古宿がこのあたりの中心をなしていたといってもよかった。

昔の旅人たちは、松本を出ると、島々か稲核まで来て一泊し、次の日は、重い荷を背負っている

外梯子で二階へあがる。0557-10a　1965年7月25日

者なら古宿で一泊した。そしてその次には野麦の東麓の川浦でとまって、四日目に野麦峠をこえ、高山へつくのは七日目であったという。荷をもたねば、川浦で二日目の夜をとまった。

古宿は、いわば私設の宿場のような存在であった。そして、ここには牛も多く飼われており、普通の農家は、土間のとなりに広い牛の駄屋がとられていた。私たちのおとずれたとき、その駄屋には牛は一頭もいなかった。みんな放牧に出していた。

水田にひらかれた段丘のさらに上には昔の牧場がのこっている。その牧場へ牛を放牧する。牛は草をくいつつだんだん山の上の方へのぼっていく。急傾斜の森林地帯をぬけて、さらにその上にある草地あたりまでのぼる。

堂々たる板倉。古宿。0557-09b　1965年7月25日

「ごらんなさい、あそこに牛がいますよ」

と老婆の指す山のいただきあたりを見ると、それこそゴマ粒よりも小さいものが動いている。黒いのは黒牛、白く光るのは乳牛、それに赤牛もまじっている。すこしずつ動くので牛だとわかるが、動かなければわからない。それほど小さいのである。しかし、たいへんな数である。古宿の牛ばかりでなく、他の部落の牛も上っているという。どれほどいるだろうかと老婆にきくと、三〇〇頭はいましょう、とのことであった。その一頭をクマに食われたのである。

山の上は風通しがよくてアブが少ないので、自然、牛は山の頂上へ上っていくとのことで、秋になれば、また追いおろして来なければならない。

古宿には、古い板蔵ものこっていた。まことに堂々としたものである。火事にあわないようにと主屋からはなれた畑の中にたててある。しかし、

新しい土蔵。手まえの稲田も新しくひらいた。古宿。**0557-09a**　1965年7月25日

こういう蔵も少なくなって、いまは松本平に見られるような土蔵がつくられるようになった。それが古い主屋にそぐわないのだが、それでいてこの地の風景にマッチして、ひどく清潔に感じられる。

明治以来から今日までの間にも、板蔵から62ページに見られるような、白い漆喰をつかわない土蔵にかわり、いまやっと白壁の土蔵が出現しはじめているのである。

古宿は、車道からほんの少々上ったところにあるというので忘れられかけた存在になっていたが、黒川渡へ近くて農協や役場へつとめるものもふえて、次第に変貌しつつある。それに最近、生糸の値が出てきたので養蚕も復活して来、水田もあり、生活は安定してきた。

これから一〇年後にどんなにかわっていくだろうか。山中にありながら、いまは農村らしいたたずまいを見せている。

肥料を背負う女。ショイコは朝鮮型［97ページ参照］。古宿。0557-11b
1965年7月25日

水洗場のまわりにはいろいろの草花や鉢植がおかれており、池にはコイがいた。古宿。0557-16b　1965年7月25日

温泉の看板。0571-04b　　1965年11月5〜6日

4 奈川温泉

温泉への道

黒川渡の役場のそばの橋のたもとに立看板が出ている。この近くに温泉のあることを示している。この橋のたもとから右へ折れて、奈川をわたってゆくのである。スーパー林道ができると、もう少し川下の方から橋をわたることになる。すでに今はそうなっているかもわからない。役場もおそらく、ダムの補償費でコンクリートのりっぱなものができているだろう。だが、私のいったときは素朴な姿がのこっていた。

さて、橋をわたって黒川の谷を奥へゆく。ひなびた平凡な谷。両側の山がせまっているが峡谷というほどではない。はじめにいったときも二度目にいったときも、道の両側の桑の木が五メートルあまりにのびて並木のようになっていた。桑の葉

桑の並木。秋に行ったら刈られていた。屋形原。0552-20b　　1965年6月20日

はひろく大きくつややかだ。それに太陽がいっぱいあたって、風が吹くとゆれ、キラキラ光る。さわやかな風と青い空と。平凡だが実にいい道なのである。

それが、秋いったときには、すっかり刈りとられていた。蚕にたべさせたのであろう。だから、「あそこの桑の並木は美しい。いってごらんなさい」とは言えない。伐られているかもわからないからである。だが、桑の並木のあるときにこの道を通れる人は幸福である。並木でこんなにさわやかな感じのするものはない。その並木もだんだん減っていくそうである。

いずれにしても、桑の並木の奥にあるような温泉は素朴にきまっている。桑の並木の向こう側の風景も素朴である。山の傾斜はかなり急であるが、そこが桑畑になっているところが多い。こんな急傾斜にまで桑を植えて蚕を飼ったこの山人の労苦

斜面は一面の桑畑。0552-23b　1965年6月20日

はたいへんなものである。しかもその土は石ころだらけであり、雨がふれば表土は流れやすい。その土をできるだけとめるようにと、草を刈ってよく枯れたものを畑にまき散らし、鍬で土の中にうちこむようにする。するとかなり土はとまる。この作業は、桑の伐り株に足をかけながら、上から下に向っておこなうのである。

こうして力いっぱい働いて蚕を育てたばかりでなく、子供たちも育ててきた。女たちは、自分の子供たちにはこの苦しみは味わわせたくないという。この世界から脱出できるものならしたいと思いつづけてきたが、自分たちにはそれができなかったから、子供たちには望みをかなえさせてやりたいと話していた。この谷から松本の高等学校へいっている者は六〇人近い。通学ができないからみんな下宿させている。労力的にも経済的にも苦しみにたえつつ貧からの脱出、貧の世界への見切りをつけようとしている。しかし、今は脱出できるが、昔の女たちはみんな、運命と思ってこの山の中で働いて生涯を終ったのであった。

ワラビ根ほり　ワラビの根をほることをハナほりといっている。ワラビはこの写真（次ページ）で見る畑の上の傾斜地のようなところに、昔は密生していたものである。春さき、雪がとけてから枯草のところをやくと、そのあとへワラビが頭をもたげる。それはそれでとっておかずにしたり、塩漬けにして保存したり、乾してたくわえておく。しかし、とりきれるものではなくて、あたり一面ワラビの葉でおおわれる。

さて、秋が来て草の枯れるころになると、女たちはハナほりに出かけてゆく。柄の短い丈夫な鍬を持って、ワラビの多いと見られるところを一隅から掘りおこしていく。土の中は約三〇センチくらいの深さのところまで、黒い根がからみあっている。土をふるってその根をとるのだが、上手なものは一人で一〇坪、女でも八坪くらいは掘ることができた。土地によって根のはり方はちがうが、日あたりのよいところなら、二坪で一升のハナがとれたから、一〇坪で五升は掘ることができる。五升分の根の目方は一〇貫、四升分は八貫で、それぞれ男と女の一荷とせられたから、一荷掘ればかえって来た。そしてそれを、水できれいにあらって土をおとす。

土をおとしたものを、舟（木をくりぬいて丸木舟のようにしたもの）に入れて杵《きね》でつく。それは女の仕事であった。人によっては石の上にのせて横槌で叩くものもあった。できるだけていねいに搗《つ》く。そして水をいれてよく根をかきまわす。根はすくって取り去り、しばらくおくと沈澱《ちんでん》してくる。そうすると上ずみの水を取り去り、上にたまった黒バナをとり、下にたまった白バナを日に乾して粉にする。自分の家でたべるものはそうした粗末なものであったが、ワラビ粉は昔は大切な商品であったので、そういうものは十分つきくだいた根をもみ桶に入れて水にひたして十分ハナをもみ出し、根を取り去り、それをさらに大きな桶に入れて沈澱させた。するとハナは白くなってよい製品ができる。

畑の上の草原はワラビが出る。0571-03a

1965年11月5~6日

ハナはハナのままでたべることはなく、ソバを入れたり、ヨモギのつなぎなどにしたり、時にはリョウブなどといっしょにして餅のようにして、それをイロリの火にくべて焼いてたべた。決してうまいものではなかった。しかもこのワラビ根ほりが嫁の仕事で、ワラビ根の掘れぬようなものは嫁に行けなかった。奈川の谷で六〇歳をすぎた女なら、ワラビ根ほりの経験はみんな持っている。

みんなで掘りにゆくのならよいけれど、たいていは一人でいったもので、こんなにわびしいものはなかった。自分が稼がねば家の者の食物がないので、辛くてもなんでも、その日の働きはしなければならなかったが、どうしてこんな山中に生まれねばならなかったのだろうと、ひとりそっと涙をながしたものだと老婆がはなしてくれたが、その女たちの手で、明治五年にワラビ粉五〇駄、金子にして三三〇両を生産したとある（「地理風俗始諸書上」）。これは総生産ではなくて売りあげたものであろう。このほかに太布《たふ》七五両、ソバ柄灰六五両をあげている。みな女の生産であった。

男の方はガワ（曲物《まげもの》）つくり、あるいは岡船稼業（牛方）などで、そのもうけがどれほどであったか明らかでない。

とにかく、女は自分の家でたべるものを採取した上に、なお金になるものをこれほど生産したのである。こうして、男と女のかせぎで村の一年の収入は、当時で千両をこえていたと見られる。山の中にあって、すべて自給自足であったように考えがちだけれども、実は、山の中ほど交換経済が発達し、貨幣が動いていたことを忘れてはならない。こういうことは米一粒できないこの山中で、ワラビ餅だけではどうしてもしのげるものではなく、米をたべるために、ワラビ粉を背負って女たちは松本まで売りにいったものだが、そのワラビ粉一升が、松本では米一升に交換できた。米のようにうまいものとワラビ粉のようにまずいものが、どうして等量交換できるのか不思議に思ったというが、町には町でワラビ粉を必要とする人びとがいたのである。

そのワラビ根ほりも、段丘の上に昭和三五年から開田がすすみ、現在七三ヘクタール、二〇〇〇石をこえる米の生産が見られるようになり、自給が可能になってやんだ。そして米の飯が自分たちの生産によってたべられることになった。この谷に生きて、戦後のもっとも大きな喜びはこれであったと、七〇すぎの爺さんがしみじみ話してくれた。

いっぽう、ワラビの方は、根は掘らなくなったが、春のやわらかな茎はとって、自分のうちでたべるだけでなく、塩づけにして出荷するにいたった。たいてい上高地、松本あたりのホテル・旅館にはける。いくらあっても足りなくて、女子供の小づかいもうけには実によい。かつて女たちを苦しめたものが、いまはたのしみつつアルバイトになるほど谷の生活はかわった。

ワラビの塩づけ作業。屋形原。
（上）0552-23a（下）0552-22b
1965年6月20日

屋形原（やかたはら）の集落。0571-!Sb　　1965年11月5〜6日

屋形原

地図で見ると、谷間のさびしいところである。だが現実にあるいて来て見ると、比較的傾斜のゆるやかな谷間の南斜面に、点々として民家がならんでいる。そして、家が比較的大きく、しかも二階造りになっているのは、養蚕の影響である。

これらの農家は、傾斜の末端が急崖になっているすぐ上に建てられたものが多いが、崖の下に建てられたものもある。崖の上の家はその背後の傾斜が畑になっていて、その半分ほどは桑が植えられており、残りは麦や野菜などが作られている。その上が草刈場になっている。さらにその上はスギやカラマツの造林されているものが多い。

平凡だが秩序のある風景で、おそらくは、村の申しあわせによって村山の一端を開いて住みついたものであろう。長い間まずしく暮らしてきたのだが、養蚕が盛んになって生活がととのってきた

日あたりのよいところに家をたてて。農家ではない。0571-!!Sb
1965年11月5〜6日

ところである。

そうした中にあって、周囲に全く畑をもっていない民家もところどころ見かけるようになった。石置屋根であるから農家のように見えるが、そうではない。窓にはガラス障子があり、新しい形の玄関もついている。サラリーマンの家なのである。村のサラリーマンたちが集落の中をさけて、昔の草刈場のようなところへ家をたてる風《ふう》が近ごろ見られるようになった。一つの新しい住居様式といっていいかと思う。

山の中の生活は次第にきらわれはじめて、若い者たちはみな外へ出てゆきたがるけれども、条件にめぐまれた自然の中に思い思いに家がたてられるとすれば、この自然の中に住むこともまた、たのしいことであるはずだ。村の中にもこうして都市近郊高級住宅のあり方に似たような生活がとり入れられはじめている。

荒れた川。奈川温泉。0571-02b　1965年11月5〜6日

　しかもこの谷を上高地へ通ずるスーパー林道は通ることになる。あるいは、その閑静はうばわれることになるかも知れないけれども、この素朴な自然が破壊されることはないであろう。

　屋形原の民家のつきた所に橋があり、橋をわたったところに温泉旅館がある。新しい林道はこの橋をわたって、谷を奥へ二キロほどいって、そこで折れまがって川の左岸の山の中腹を通って、屋形原の上を通り、駒ケ原《こまがはら》の上を白樺峠に向うことになる。

　温泉付近から奥は、川も谷の中を自然のままに流れて荒れ放題である。そして石がごろごろしているが、その石が近頃は道路工事などに利用されるようになった。コンクリート工事にバラスは欠かせないものである。思いもそめぬような場所、思いもそめぬようなものが資源として利用される価値を生ずるとき、そこは発展してくる。

奈川温泉の木立。0552-15b　1965年6月19〜20日

温泉湧出　屋形原の奥の川のほとりに、昔から鉱泉がふき出ていた。そこを正ノ平《しょうだいら》とよび村人は正ノ平の湯といっていた。湯というにはぬるすぎた。三〇度にたらぬものであったが、夏ならばそこへひたっていても気持がよかったので、付近の老人たちが夏になるとやって来て小屋掛して自炊しながら湯治していくことがあった。湯の色は黄褐色で香ばしい匂があり、それで飯をたくと独特の風味があり、胃腸の薬になると考えられ、帰るときは樽や瓶につめて持っていく者もあった。湯治客といっても、一年にせいぜい一〇〇人程度のものであった。

それを昭和三三年、井戸掘の技術をもった松本の丸山喜伝次という人が、おなじ松本の大久保という人の出資で、村から借地して掘ると、三一度ほどの湯が毎分五斗も吹き出てきた。そこで大久保氏はこの湯を利用して温泉旅館をたてた。湯の

木の葉が散ると富貴の湯の温泉宿が見えてくる。**0571-01b**　1965年11月5〜6日

権利は丸山氏一、大久保氏二、奈川村一の割合でもつことにした。この旅館はかなり利用者が多くて初めから黒字であった。

昭和三四年には、国土総合開発調査のために東京電力の人が来たので、奈川村ではこの人たちにたのんで富貴《ふき》の湯の下の方を発掘してもらうと、三八度の湯が毎分一石も出はじめたのである。そこで村は、ここに村営の奈川温泉ホテルをたてたが、役場は経営下手で客が少なく、五カ年契約で会社へ経営権をゆずった。

この温泉旅館は、二つとも比較的泊り客が少ないけれども日帰り客は多い。この山中には料理屋も飲食店もほとんどないから、ダム工事関係の人も役場・農協をはじめ、いろいろの宴会にここを利用するために、平均して毎日二〇人を下ることはない。

それに環境がいい。まだほとんどこわされてい

奈川温泉ホテルは川のほとりにある。0552-15a　1965年6月19〜20日

ない自然の中にある。その上、宿泊費が他とくらべものにならないほど安い。昭和四〇年には一泊二食で八〇〇円であった。おそらく今はもっと高くなっているだろうし、また泊り客もずっとふえているであろう。それは泊り客の動向によってうかがうことができる。はじめは南安曇郡および松本市の人が多かったのだが、東京からの客がぐんぐんふえはじめている。それに名古屋からの客も急増している。

おそらく、間もなく旅館ももう二、三軒ふえるだろうし、道路が整備されると、年間五、六万の客は来るようになるのではないかと思われる。

どのような山中であっても、そこに人の心をひくものがあれば、かならずたずねて来るものがある。奈川は平凡な山間の僻地で、旅人の心をひき、足をとどめるようなものは何もないと思っていた。ところが、土地の人がそう思っていたまでのこと

この石垣はかわっている。奈川温泉ホテルの横。0552-16a　1965年6月19〜20日

であった。その気になれば、都会の人はこの山中までなだれをうってやって来るほど、都会自体のエネルギーはたぎり、みちあふれてきているのである。

私がはじめてこの村をおとずれたとき、村役場の幹部は、これからできる大規模林道に対して、便利になるだろうとの期待はしていたが、これをどう利用するかを具体的に考えてはいなかった。しかし、三回目におとずれたときには、かなり具体的に村の将来の構想をもちはじめていた。

たとえば、黒川渡から寄合渡を経て境峠をこえて藪原《やぶはら》にいたる道の拡張と整理、野麦峠をこえる車道の完成、野麦峠の上から乗鞍頂上への道の開設。それらが完成するならば、黒川渡から上高地への林道の利用はずっと高まるであろう。なぜなら、境峠も野麦峠も他境の人を迎え入れる入口で、そこをひらかなければ、人はそこから十分入って来ないからである。さらに、それらの客がただバスで通りすぎたのではどうしようもない。村人は土埃をかぶり、バスのはねとばす石でガラス障子を破られるのが落《おち》だという老人すらいた。その通りである。

するど、どうすれば旅人の足をとどめることができるか、それが新しい課題になる。実は観光バスなんか通らないで、このままの方がよいようにさえ思える。空はすんで、風はさわやか、そしてみどりの谷の道、それをどこまでもどこまでもあるいてゆくのはいいものである。人は親切だし、ここでなければ味わえない食物も多い。鯉のあらい、鯉こく、鰻のかばやき、わらび、ぜんまい、ふきのとう。その上、ソバがとびきりうまい。寄合渡というところへとまったとき、宿をたのんでおいて、隣の部落へ話をききにいっていたら、宿から早く帰れと電話がかかって、いそいでかえると、ソバをたべるにはゆで加減とたべる時間が問題で、夕方からソバをうってまっているけれどもいつまでも戻って来ない。なにもかも準備できているのに……と、おばアさんに叱られたが、そのソバのうまかったこと。こういうソバを、その愛情とともにたべさせてくれるところは、もう日本にもあまりのこっていないだろう。そういうものをそこないたくない。しかし、そのことにのみこだわっていてはいけない。新しい文化をどのようにうけ入れ、うけとめるかを、今から真剣に考えないと文化はそのまま村を素通りしてしまうことになる。

行商車繁盛。0556-02a　　1965年7月22日

5　野麦のふもと

行商車

野麦峠《のむぎ》の東麓、川浦《かわうら》へゆく途中でも行商車に出あった。小型四輪車の発達が車の通ずる道のあるかぎり、どんな山の奥にもいろいろの商品をはこんで来た。

それまでは大きな紺の風呂敷包や、籠を背負った人たちが、山里をおとずれて物を売っていったものである。その時代には、山村に入って来る文化は細々としたものであった。買う方の側からいっても、着物一枚買うのにいろいろのためらいがあった。

しかしいま、行商車はたくさんのはなやかな商品をつみ、野菜を積み、松本からやって来る。そしてところどころに車をとめて商売する。奈川の谷へ毎日三、四台は来ている。その中でもっとも

野麦峠への道。川浦の西。0556-04a　1965年7月22日

よく売れるのが野菜だという。山の民のつくる野菜にはかぎりがあって、めずらしいもの、山中で作れないようなものは、すべて買ってたべる。それが馬鹿にならないほどの出費になっている。

野麦峠

飛騨と信濃の国境には飛騨山脈がそびえ立って高く、二つの地方を遮断しているが、そのところどころの鞍部を横切って、いくつかの細い道が通じてつないでいた。野麦峠の道もその一つであり、しかもその重要なものの一つであった。

この道がひらけて利用せられるようになったのは遠い昔のことであった。それはこの峠道を鎌倉往還とよんだことからもわかる。もとは飛騨の国府からこの峠をこえ、木曾谷藪原《やぶはら》に出、東山道につながっていたものであろう。それが江戸時代の中頃から、梓川渓谷を下って松本へつながれることになる。

左からセナカアテ・ショイコ・イチイガサ。0556-07b　　1965年7月22日

もとより、それ以前からつながっていて、人の往来はあったのだが、江戸時代以前には、乗鞍の北の安房峠《あぼう》をこえる道が多く利用せられていた。その安房峠の道があまりつかわれなくなったのは、安房峠から白骨《しらほね》までの間の道が梓川渓谷の上の急斜面を横切っており、この道がしばしばくずれ落ちて、人の往来をはばんだためであった。

野麦峠にはその危険は少なかった。そこで自然、往来する人も多くなった。そして、西の飛騨盆地の高山と東の松本平《まつもとだいら》の松本をつなぐ主要な道路となった。

この道を利用して運搬された物資はいろいろあったが、その中でも、松本平の人びとの印象にのこっているのは飛騨ブリであった。その飛騨ブリは、飛騨へゆくと越中ブリといっている。越中からもって来たからである。

越中だけでとれたのではなく、能登でとれたものも多かった。

冬が近づくと、富山《とやま》湾の沿岸にたくさん敷きこまれている台網にブリが入りはじめる。そのブリをとって腹をわってハラワタを出し、塩づけにしたものを方々へおくる。その一部は神通《じんつう》川をさかのぼり、河合《かわい》・古川《ふるかわ》・国府《こくふ》・高山にいたる。主として牛の背によった。

さて、高山からは、ボッカ（歩荷）とよぶ荷持人夫の背によって、野麦峠をこえて松本地方へももたらされた。ボッカはショイコに荷をつけて背負った。そのショイコとおなじ形のものを川浦の東の神谷《かみや》で見かけた。ショイコにはイチイガサがかけてあった。昔もこの笠をかぶってあるいたという。そのショイコが近頃は爪のあるものになったのは、戦前に朝鮮の労働者がこの山中にも来てのこしていった形式という。

戦前、朝鮮からわたって来て、

新形ショイコ。0554-08b　1965年6月22日

農家にやとわれて働いた人たちの数は少なくなかったが、しかもこの仲間は、日本の隅々までゆきわたっていた。

そのことを、いま反省し問題にする人たちはほとんどいない。しかし、私は僻地をあるくたびに、その足跡《そくせき》のいたらざるところない有様に心をうたれる。どの村にも二人か三人は居たものである。山の奥ばかりでなく離島にもいた。

朝鮮人の思い出

村はずれに群をなして住んでいた例もあるが、二人三人ならば、村の農家の納屋など借りて自炊していた。たいていは男たちだけで来ていた。安い労賃であったが、実によく働いて村の人たちにも信頼せられていたものが多かった。中にはその子女《しじょ》をつれて来ているものもあって、その子を小学校へかよわせているものも少なくなかった。子女を勉強させたいためにやって来たという者もいた。その子供たちはみな成績がよかった。

私はそうした子供を教えたことがある。その子のことについては別に書いたことがあるが、ほんとに誠実なよい子であった。また、徳島県の祖谷山《いややま》に近いところで逢った少女のごときは、私の印象から消そうとしても消えることのないような清潔な涼しい眼をした少女であった。父が子供に勉強させたいためにつれて来たとのことであったが、その父はこの山中で事故のため死んだ。村人たちはその成績のよいのと、すなおでやさしい心根《こころね》をおしんで、せめて女子師範学校へ入学させてあげたいと骨を折っていたが、その後どうなったであろうか。

『にあんちゃん』を書いた安本末子《やすもとすえこ》のような少女や少年たちが、大正の末から昭和の初め頃にかけて、日本の僻地には何人もいて、健気《けなげ》な勉強をしていたのである。都市労働者になった朝鮮人と日本人の間にはいろいろトラブルもあった。そして東京震災のときのような悲劇もおこった。

しかし、農村に入り込んだ朝鮮人たちは、農民とほんとによくとけあった者が多かったといっていい。いま八〇歳以上の老人なら、こうした朝鮮人をたのんで仕事を手伝ってもらった記憶のあるものが多い。奈川の谷にもその記憶をもっているものがある。『私の日本地図1　天竜川に沿って』の中でも坂部《さかんべ》というところで、このショイコを見かけて、朝鮮人のいたことをきいた。

いま農村に朝鮮人はほとんどいないが、戦前のように、村の中へ朝鮮人を迎え入れることはできないのであろうか。農村の人手不足は、今ばかりでなくて、昭和一〇年代も深刻であった。しかし、何十万という朝鮮人たちが村々に入り込んでいることによって救われたことは大きかった。たんに安い労力の提供をうけるというのではなくて、真に土を愛し、労働を愛する者に農地は経営してもらうべきものであると思う。

昔——はるかな昔であるが、六世紀から七世紀にかけて、日本は朝鮮半島から多くの避難民を受け入れたことがある。そのあるものは近畿地方におちつき、あるものは関東におちついた。その人たちによって日本の生産技術の高められたことは、きわめて多かった。私はそうした日のことを思うのである。

民衆の社会はもう少し国境を考えないですむような世の中をつくりたい。と同時に、お互いの国々の持つ問題を国の中だけでなく、広い視野で解決できないものかどうか。商品はすでに国境を

コダスを背負う。0571-11a　1965年11月6日

こえてゆきわたりつつある。だが、人間だけは国境の中にとじこめられて、そこで問題の解決を強《し》いられている。

牛方の話

牛の写真もかかげないのに牛の話でもないのだが、奈川谷そのものには、ボッカはほとんどいなかった。飛騨のボッカのやって来ることはあった。奈川は、牛方の村であった。

牛方は、二、三頭の牛に白木《しらき》やガワモノ（曲物）をつけて、ここから上州（群馬）・江戸の方まで出かけていったのだが、そのとき、牛方たちは蓑《みの》を着、背中にはコダスを背負っていた。これに弁当や身のまわりの小道具をいれていた。今日のリュックサックやナップザックのようなものであるが、ちょっとしたものは、こうして背負えば邪魔にもならず、たいした荷にもならず、何里でも道をゆくことができた。

さて、この地方の牛の多くは佐渡から来たものである。佐渡の牛は体形は小さかったが、放牧して育てたものであるから、風雨につよいのが特色であった。そこで年々数十頭ずつ、佐渡から対岸

昔の宿。川浦。0556-04b　1965年7月22日

にわたし、越後（新潟県）頸城郡谷根《くびきたんね》のばくろうがここまでひいて来たのである。この地方へ売られて来る牛の話は、長塚節の「佐渡が島」の中にも見えている。

家の変遷

もう少し野麦峠にちなむ話をしよう。

野麦の東麓の川浦には大きなりっぱな二階屋が何軒もある。明治から大正時代まで宿屋をしていた家である。

野麦峠をいちばんたくさん人の通ったのは、明治一〇年代から四〇年頃までのおよそ三〇年間であった。牛方やボッカのほかに、飛騨から諏訪《すわ》の製糸工場へ出稼ぎする女がこの峠をこえた。自然、そのほかの旅人もふえて、多いときには、一晩に一〇〇人もの泊り客があったという。

川浦のこんな大きな家ならずとも、奈川の谷には平入《ひらいり》の二階建ての家がずいぶんある。その多くは旅人をとめた家であった。

（上）納屋。礎石をおき根太の上に柱をたてているが昔は掘立が多かった。
0556-06b　1965年7月22日
（下）板倉。0556-12a
同上

奈川谷の家は、もとはみな粗末なものであった。

明治九年の記録を見ると「奈川は山間の僻村であるから民家はみんな小さくきたなく、床造《ゆかづく》り（床《ゆか》のある家）の構《かまえ》がない。ただ土間のみであった。これに薦《こも》または莚《むしろ》を敷いて、そこに起臥《きが》し、飲食していたものである。中にまれに床のあるものといえば一間くらいのもので畳をしいてはなかった。床造りの家は庄屋くらいのもので、これは大切な客をとめなければならないからである。しかし近年はおいおい変更して、家毎に床をつくり畳をしき、絹・木綿を織り、衣類として用いるようになった。」とある。

そして明治一〇年代の記録を見ると、土間住いの家は稀《まれ》になったとあるから、明治維新以来一〇年ほどの間に土間住いから床上住いにかわってしまったことがわかる。この変化は実に大きいものであったといっていい。今日でも一〇年そこそこでこんなに大きな変化を来たす例を見かけないであろう。とくにその中でも、旅人を相手にした者の家が大きかった。

では、土間住いはすっかりなくなったかというと、まだ多少はあるかと思う。私は無住になっている家で一つそれを見かけた。小さなもので、まえに独り者が住んでいたという。川浦の農家の納《な》屋《や》（前ページ上の写真）が、ややそれに近いものであるが、実は納屋の方が造りはりっぱである。

いずれにしても、明治一〇年頃までのこの谷の民家は軒の低い板葺石置で、板壁の小さい家がところどころに一かたまりずつあったもので、今の村の姿がもとからのものではない。その後、この村の民家はもういちど大きくかわる。

屋根板の束。川浦。0556-10b　　1965年7月22日

屋根

もういちど住いをかえたのは、いままでたびたびのべてきた養蚕と、明治二〇年代に入って、木曾大工のこの谷への進出である。

奈川村でもいちばん奥の部分、川浦から寄合渡《よりあいど》までには妻入《つまいり》の二階建てが多い。いわゆる木曾棟の形式のものである。この家は明治二〇年代から木曾谷の大工が来てつくるようになった。それまでの宿屋風の二階屋は、松本平から来た大工の建てたものが多かった。細部の技術についても教えられたのであるが、これは、いちいち実地について比較して見る必要がある。

いずれにしても、そこに板葺の古びた家があるからといって、ずっと以前からそうであったとは言えない。すぎ去った日の中にも大きな変遷のあったことを見のがしてはならない。しかも、いままた大きくかわろうとしている。

いまこの谷に見る民家は板葺である。榑板《くれ》をつ

木曾棟の蚕室造り。神谷（かみや）。0571-10a　1965年11月6日

かって葺いたものである。その榑板を川浦の民家の屋根の下に束にして吊りさげてあるのを見たが、この榑木をとるような木はなくなってしまっているし、また榑木をとる技術をもった人もいなくなった。

したがって、現在の板屋根がくちて雨もりがはじまると葺きかえなければならなくなるが、それはもはや榑板ではなくなる。補足する板をもっている家はまだよいが、それのない家はトタン葺かトタン瓦屋根にかえねばならぬ。さしあたってはトタンが多く用いられることになり、黒川渡《くろかわど》ではそういう家がふえつつあった。

もう一〇年もすると、奈川谷の民家の大半は、緑色か赤色のトタン屋根になるであろうが、これは板壁造りの木曾棟にはどうも調和がとれない。そこで改築も見られはじめている。

こうして、この谷の木曾棟時代はわずか一〇〇

粗末な土蔵。神谷。0571-16b　1965年11月6日

年足らずで終ろうとしている。

なお、寄合渡から奥、川浦までの間には、板倉はいくつか見かけたけれども、土蔵はきわめて少なかった。

その数少ない土蔵の一つが、私には興がふかかった。腰板が打ちつけてある。普通ならナマコ壁になっているところである。また、漆喰の下からコマイや横桟が見えているのだが、ぬられた土がきわめてうすい。火事になれば火はすぐ中まで通ってしまうようなものである。形式は土蔵だけれども本格的な土蔵ではない。

つまり、体裁としての土蔵が、この谷には案外多いのではあるまいか。漆喰壁の白さを誇りたい気持が、こうしたものを建てさせたものであろう。しかも板倉とおなじように、主屋よりひきはなして建ててある。

文化の多くは、まず、こうした見せかけの形で取り入れられていくものである。日本が欧米の文化を取り入れたのもおなじ経過をたどり、次第に本質的なものにせまっていった。

風穴

親方の家を除いては、もともと小さな掘立小屋程度の家にすぎなかったものを、大きな家にかえてきた養蚕の力を、もういちど、われわれは検討してみる必要がある。経済的な観点からの検討はしばしばなされているが、社会的な、あるいは文化的な面からの検討は、ほとんどなされていない。

桑の古木。（上）0571-17a　1965 年 11 月 6 日
（下）0571-22a　1965 年 11 月 6〜7 日

長い間の停滞をやぶって日本の山村の様相をかえたのは、養蚕であったといっていい。しかも生糸が国際商品になった明治維新以降のことで、それまでの養蚕は企業的なものではなかった。山間の養蚕を企業的にまで高めたのは風穴の利用であった。

蚕で繭の目方の一番重いのは春蚕《はるこ》である。五月に掃きた

桑龍。神谷。0571-10b　　1965年11月6日

てて六月の初旬には上簇《じょうぞく》（繭をまく）する。それから秋蚕《あきこ》を飼う。年二回が普通であった。ところが山間地では、春蚕はまだ桑の葉の成長がわるくて蚕の掃きたてができない。たいていは夏蚕を飼う。

島木赤彦の歌に、

夏蚕《なつこ》桑すがれし畑にをりをりに
　降りくる雨は夕立に似つ

というのがあるが、昔はその夏蚕だけであった。

ところが、人びとは風穴を利用して、その中に蚕の種紙を保存して、必要なとき、そこから出して掃きたてする方法を発見した。

風穴はフウケツとよむ。火山岩地帯では、熔岩の堆積《たいせき》のときつくられた洞窟が多い。その洞窟は方々に隙間《すきま》があって、そこからたえず風が吹き出ている。地下であるから温度は一定していて、しかも涼しい。富士の北麓にはその風穴が多かったが、乗鞍岳の東麓一帯にも風穴が多い。

大正五年のしらべによると、風穴は島々に二カ所、明ケ平《みょうがだいら》に五カ所、稲核《いねこき》に一二カ所、大野川に三カ所、合計二三〔ママ〕カ所を一三人の業者が持って経営し、そこに貯蔵した種紙は二〇〇万枚に達した。

このことによって、養蚕の回数をふやし、山中では夏秋の二回、平地では春、夏、初秋、晩秋の四回飼うことができるようになり、温暖地では養蚕専業の農家が出現するにいたった。そしてそれが養蚕造りの民家を続出させたばかりでなく、農民に企業精神を植えつけたのである。

私は瀬戸内海の島生れであるが、私の父は郡内でも屈指の養蚕家であった。これはたくさん飼ったという意味ではなく、指導者として知られていた。私の家では一年四回飼っていた。春四月末に掃きたてるものを春蚕といい、梅雨の前に上簇させ、田植をすますとすぐ七月初めにまた掃きたてた。これを半夏《はんげ》掃きといった。夏の蚕は成長がはやく、三〇日か三五日で上簇する。するとつづいて風穴というのを掃きたてた。これが九月初旬に上簇する。そのあと晩秋《ばんしゅう》蚕《さん》を飼う。私の村の祭は十月一七日であるが、そのころ蚕がいて実にいそがしかった思い出があるから、十月二〇日ごろに上簇したものであろう。

私の地方では初秋蚕を風穴といっているのに興をおぼえたのだが、その種紙は、はじめは山梨県の富士北麓から、ついで諏訪から、さらに松本から来ていたから、多分、梓川流域の風穴からもって来たものではないかと思われる。そしてお互いが意識しないままに、蚕の種紙を通じて瀬戸内海とこの山中の村は結ばれていたのである。

風穴は冷蔵庫の発達や、人工孵化《ふか》法が発達して、その利用が少なくなっていったが、現在はカラマツやヒノキの種子の保存に利用されている。

山村を見てゆく場合にもっとも大切なのは、山村と山村をめぐる山地との関係である。そのあり方が山村の運命を支配しているといってもいい。奈川村は、さきにものべたように一万ヘクタールをこえる山林があり、その大半は国有林になっている。

立廻り山

村の周囲の山々はもと巣山留山《すやまとめやま》になっていた。留山というのは、一般農民の入ってはならない山ということになっていたけれども、木曾の留山は少々事情を異にし、ヒノキ・サワラ・ネズ・アスナロ・コウヤマキの五木を伐ってはならないことになっており、その他の木は自由に伐ってよかったので、留山・村山の区別なしに立ち入って五木《ごぼく》以外の木を伐っていたのであるが、明治八年にはじまった官民有区分から、留山と名づけられたところは国有林に編入された。

しかし明治二二年までは比較的大目に見られて、村民は国有林へもはいっていたが、この年、皇室御料林に編入されると同時に監視の眼がきびしくなり、盗伐者を犯罪人として罰することになり、村人は数珠《じゅず》つなぎになって警察へつれてゆかれるようになった。

農民の側から見れば慣行にしたがったまでであったが、農民は旧慣を主張してやまず、御料局があたらしい境界を定めようとしてもきかなかった。しかし、御料局はそれらの抵抗を排除しつつ、御料林守護規則をつくって取締をきびしくするとともに、明治三八年七月二五日、天皇からお手元金一万円を二四カ年間、御料地区の村へ下げ渡されることになった。農民は天皇の仁慈にそむいてはならないとして、はじめて抵抗をやめ、この金をもとにして御恩記念林の植林をはじめ、一方、御料林と民有地の境界も定めていった。

しかし当時、民有林にはほとんど木らしい木はなくなっていた。長い間かかって五木以外のカラマツ・トウヒ・モミ・ツガなどのようなものは、ほとんど伐りたおされていたのである。トウヒは曲物《まげもの》にするにも、榑《くれ》にするにも適しており、曲物をガワとよび、榑の方を白木《しらき》とよび、とくにガワ師の活躍は盛んで、明治初年には、村にはトウヒ・モミ・ツガは伐りつくされていて、ガワ師たちは諏訪や伊那谷の方に出稼ぎし、中には遠く四国山中にまで働きに出かけていた。

上は立廻り山、下はソバ畑であったが、カラマツが植えられる。寄合渡。0571-21b　1965年11月6〜7日

大きな木がなくなると、農民はそこで炭をやき、また火入れをしてソバをつくり、そのあとを採草地に利用していた。この村では家の近くには個人持ちの山も若干あったが、民有林の大半は共有地で、各部落でそれぞれ持ち、そこから藩への白木やガワ物の上納をし、あとは各自自由の稼ぎ場としていた。

それを明治四三年から部落

ミツグワ（左）とイタグワ（右）。0556-08b
1965年7月22日

有林野の整理統一がはじめられ、村長が管理し、村が直営する留山（いまは止メ山と書いている）と部落民が旧慣によって利用している立廻り山とにわけた。ただし、旧慣では自由に立ち入って伐採をおこなったものであるが、立木を伐採した場合には、使用料をとることになった。また、ここに植林などしてそれが販売せられるときには、収益の二分を村、八分を利用者がとる取りきめもできた。しかし、この利益分収はかならずしもこの通りになってはいない。

いずれにしても、一応の規則ができあがり、一方に御恩林の植栽などもあり、造林意欲も出てきて、はじめのうちはヒノキを多く植えたが、今ではカラマツの植林が非常に活発に進みはじめている。とくに民家に近いところ、もと山をやいてソバをつくったあとなどはカラマツの植林がすすみ、民有林四五〇〇ヘクタールのうち、約九〇〇ヘクタールが植林せられるにいたった。

ただしこの数字はあいまいで、昭和四〇年の航空測量の結果では、民有林は六五五六ヘクタール。

草刈カマと枝打カマ。（左）0556-05b　（右）0556-06a　1965年7月22日

そのうち村有地五九〇〇ヘクタール、個人有地六五五六ヘクタールとなっている。立廻り山は五九〇〇ヘクタールのうちに含まれている。

私有地のきわめて少なかったこの村に、立廻り山の個人利用による植林が経営の意欲をよびおこし、ここに土地に対する一つの愛着心を植えつけた。いままでは収奪のみの林業であった。いまはどこの家にも植林のための鍬や、下刈用の柄の長い鎌を見かける。山林の利用にも実に大きな変遷があったわけで、ある意味ではこれから面白くなってくるところであり、長い苦難の道であった。

米麦以前　『私の日本地図1　天竜川に沿って』を見て下さった方なら、この書物のいままでにかかげた写真と、天

タキギとハサ。神谷。（上）0571-13b（下）0571-13a
1965年11月6日

竜川中流山地の写真の人文景観の間に著しい差違のあることに気づかれると思う。

　天竜川中流山地では家のまわりに畑があり、畑にはトウモロコシ・アワ・コキビ・サトイモ・コンニャクなどがゆたかに成長していた。しかし奈川村ではその写真がない。意識してとらなかったのではなくて少ないのである。谷の口の大野田あたりでは見かけたが、それが天竜川中流や伊那谷などのように美しい景観をつくり出してはいないのである。

　畑に桑の木の植えられているところは多かったが、穀物はほとんどつくっていなかった。とくに寄合渡から奥の神谷・保平《ほだいら》・川浦では、最近稲作がおこなわれるようになるまで、穀類はほとんどつくらなかった。

　寄合渡の宿で、近所の老人に来てもらって話をきいたとき、私はいろいろ考えさせられる問題を

ハサにワラと大根葉をほす。神谷。0571-08b　　1965年11月6日

与えられた。

さきに書いたうまいソバをたべさせてもらった宿で、夕食のあと、昔のことをよく知っているおじいさんが居れば今夜これから話をききにいきたいのだが、と言うと、おばさんはさっそく出かけていったが、間もなく七〇歳すぎの老人を案内して来てくれた。こちらが恐縮すると、私はまだ元気ですからと言って、それからいろいろ話してくれた話は、私には実に興味がふかかった。

寄合渡から奥では、昔はアワ・ヒエ・ムギなどほとんどたべなかったそうである。そういうものはつくらなかったというのである。食物のほとんどは、ワラビ粉とソバであったという。ヒエのことをきくと、

「飛驒はヒエをたくさんたべましたが、ここはたべませんでした」

とのことであった。

肥草のツカと穴のあるハサ杭。神谷。
（上）0571-15a　1965年11月6日
（下）0556-11a　1965年7月22日

だから、ここにはヒエつくりのための焼畑もなかった。ヒエつくりの場所がなかったのではない。寄合渡から境峠への途中には適地はいくらもあった。しかし、ここではそういうことをしなかった。農耕以前の社会といっては語弊がある。家のまわりには定畑もあったのだから。だが、山地はワラビ根を掘るところと、草をやき土をおこしてソバをまくための畑に利用するだけであった。そのほか、多少、キビ（タカキビ）・アワをつくったものがあったくらい。

村の中で見かけるハサも、もとはソバをほすのにもっとも多く利用したという。ハサは常設したもので、丸太を大きな杭に横にくくりつけたもの、クリ材を削って、これに四角な孔をあけて、丸太を通して利用しているものなどあるが、このようなハサは木曾の影響で、寄合渡から北、島々ま

この素朴な三叉が脱穀用具であった。川浦。0556-08a　1965年7月22日

での間には少なく、境峠を南へこえた木祖村《きそむら》にたくさん見かけることができた。アワは、秋になって山畑から刈って来ると、ハサにかけて十分ほしたものをおろして、莚の上で三本枝の出たマトリで穂をたたいて実をおとし、臼でひいて粉にした。考えてみれば古風な方法であった。

しかも、そこに広い土地がありながら、ほとんど穀物をつくらない社会があったということは、私にいろいろ考えさせる問題を与えた。

それは、採取経済から農耕へ転じていった過去の歴史の一断面をしめしているものとも見られるのである。わずかばかりの聞きとりにすぎないので、もっと時間をかけてしらべてみなければならないわけだが、日本の農耕文化を解明していく上の重要な手がかりの一つが、この地の農耕のあり方にひそんでいるように思われた。しかもこの地は畑作穀物の時代を経ないで稲作に移行する。

漬菜の処理。0571-20a　　1965年11月6日

菜を洗う

十一月に奈川の奥をおとずれたとき、もう冬支度がはじまっていた。山里は冬が早い。寄合渡の宿で、

「穂高はもう真白ですよ」

と、宿のひとに指さされた方を見ると、谷の向うに完全に雪でおおわれた穂高が見えた。穂高に雪が来れば冬ごもりの支度はしなければならぬ。

九月の末には肥草も刈って、それぞれニオに積み、十月になるとそろそろ大根をとって切干《きりぼし》にするものは切り、漬物にするものはしばらくハサにかけて乾して、かなり水分をぬいてから漬物桶につける。切りおとした葉の方はまたハサにかけておいて、昔はそれをこまかにきざみ、ソバ餅のつなぎにもしたという。そのあとが漬菜の取入れである。これも二樽や三樽はつけなければならぬ。

信濃は漬菜のうまいところである。

この頃の我の楽しみは飯《いひ》をへてあつき湯をのむ漬菜かみつつ

信濃の山中へ来て漬菜をたべるたびに赤彦のこの歌を思い出すのだが、漬菜を漬けるのも、大根を漬けるのもすべて主婦の仕事であった。

いろりばたで、いろりに薪をくべながら村の人たちと話しこんでいると時間のたつのを忘れたものので、そうしたとき、茶が出て、お茶うけに漬物が出る。知らず知らずのうちにドンブリに一ぱい漬菜をたべていたというような思い出もある。

漬菜をあらう。0571-08a　1965年11月6日

そのいろりも次第に姿を消しはじめたが、寄合渡付近の農家にはまだのこっていて、夏おとずれたときは、申しあわせたように老婆がそのそばで火の守りをしていたが、冬になれば、家族の者たちで一日中にぎやかになるであろう。

いろりからこたつ、そしてストーブへと暖をとる方法も

水洗場。くりぬきの水槽をつかう。0571-16a　1965年11月6日

かわってきて、いまは、都会育ちの人たちには、いろりを知っている者は少ないが、私の話の聞きとりのほとんどは、いろりのほとりでなされた。どこのいろりのほとりでも、話題は豊富であった。めらめらもえる火を見つめていると、いろいろのことが思い出されてくるのだが、こたつでもストーブでも、無心になって見つめる対象がない。いろりがなくなって一家の者が何くれとなく話す機会がなくなったとは、山間の村々のいたるところで聞く。

テレビは人びとをたのしませるが、テレビが人にかたりかけるだけで、一家の人と人との対話はずっと少なくなってきた。それが親と子の気持のバラバラになった原因の一つにもなっているようである。

清水　山峡をあるいて、心をうるおしてくれるのは清水である。清冽《せいれつ》な谷川の流れていると

水洗場。箱形の水槽をつかう。0556-10a　1965年7月22日

ころには、また崖や岩間からしたたりおちる清水のあるもので、喉のかわきをこの水でいやしたときほどホッとして、すがすがしいものはない。

奈川の谷も水のきれいなところで、その水を谷から掛樋《かけどい》でひいて家まで持ってきて、水槽でうけて利用している。その水槽のなかには大きな木をくりぬいたものも少なからず見かけた。ところが、近頃はそれを鉄管にきりかえてきた。掛樋の水は、冬になると凍ってしまって、家まで来なくなることがある。鉄管にしても、水の杜絶《とだ》えることは少なくない。冬になると水に困る民家は少なくなかった。

そこで、とうとう簡易水道を敷くことにしたのである。部落は点々として存在しているので工事費もかかるが、村人にとっては、もっとも大事な生活問題であった。各戸から一人ずつ出てその工事にとりかかった。

水道工事。0571-18a　1965年11月6日

こうして水道を家の中にひき入れておけば、冬も水が出るであろう。そうすれば、もう寒い外へ出て、氷を割って水を汲むこともなくなるであろう。そして、台所も風呂場も次第に改造されて快適なものになるだろう。

村というものは、こうして一般の世人からは封建的だとか保守的だとかいわれながらも、自分たちの生活の尺度にあわせて精いっぱい前向きになって歩いているのである。そして、またこれからも歩きつづけるであろう。決して停滞はしていない。

墓地

ここに生まれ、ここに生きた人たちの大半はまたここで死んでいった。寺の過去帳を見せてもらっても、旅で死んだ人がありはするが、それは一割にも満たない。そしてその人たちの遺骨も、村へ持ちかえられて葬られている。それが昭和二〇年までの姿であった。だから、少しでも住みよくしようとして努力してきたわけだが、その人たちの墓地は、奥地へ来るほどひっそりとしている。

寄合渡の西の神谷では、墓地が道ばたにあった。もとは道が細く、車も通らなかったから、土ぼこりをかぶることもなかった。しかしいまは、みな土ぼこりをかぶっている。どこかへ引越しできないものかと思った。人びとの先祖としてまつっている対象が、車の土ぼこりや泥のとばっちりをうけている。私にはそれがいかにもわびしかった。

墓地には大きなカヤの木がたっていた。昔は村人にとって聖地であったことがよくわかる。それがいま、きわめて無神経にとりあつかわれている。谷がひらけていきつつ、一方では谷を捨てる者のふえることと何か通ずるものがあるようだ。

道ばたの墓地。0571-17b　1965年11月6日

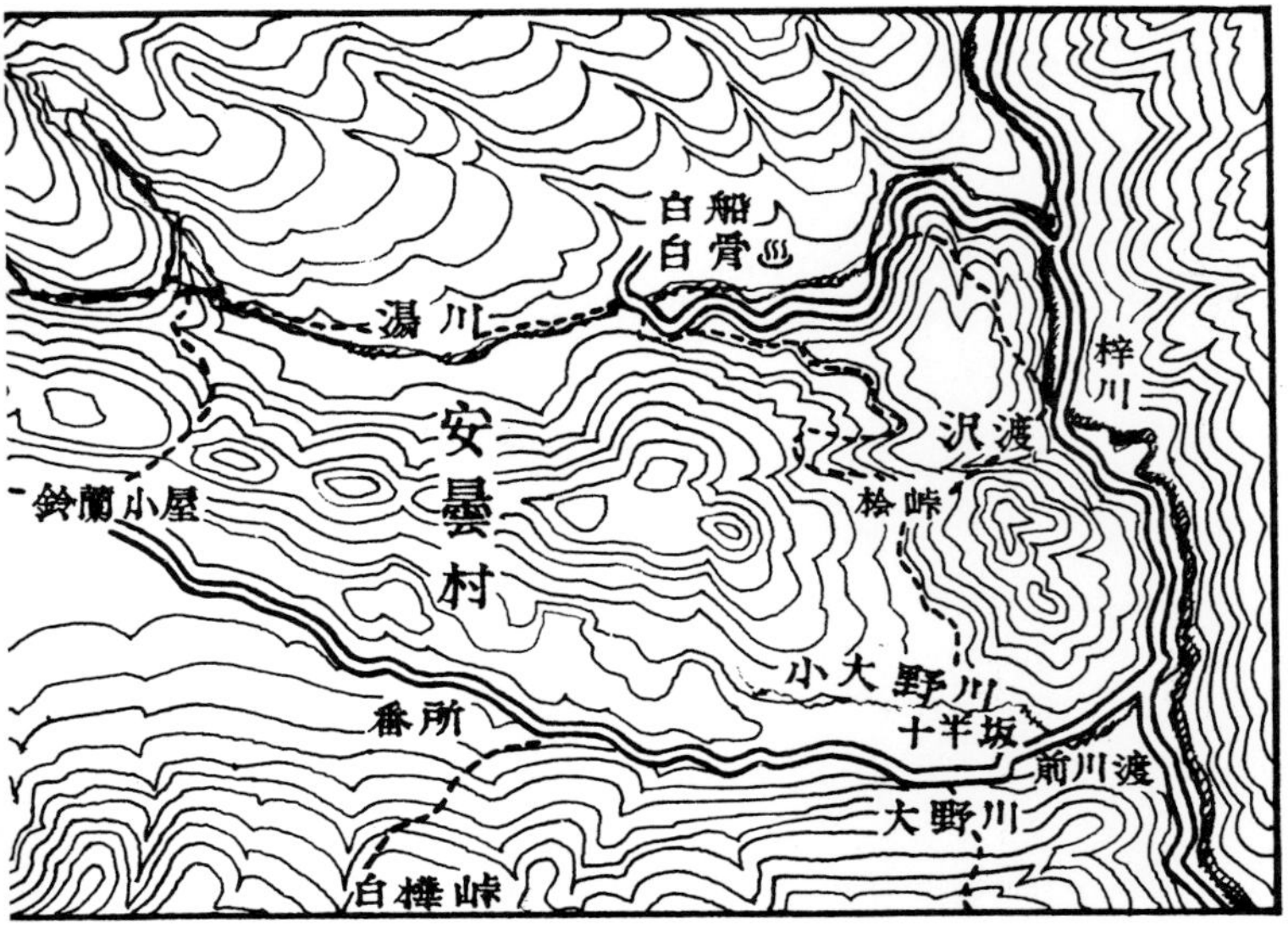

6　番所

番所《ばんどころ》は奈川の谷から山脈を一つこえた西北にあり、乗鞍《のりくら》の東麓になる。

番所というところ

もとは奈川とおなじような谷間であったと思われるが、乗鞍岳の噴火にともなって噴き出た熔岩や火山灰が谷をうずめてしまい、ゆるやかな傾斜をもった原になったものであろう。番所という名は、大野川に、昔、番所《ばんしょ》があったことから名づけられたと考える。

私が番所の名をはじめてきいたのは、昭和一八年頃であったと思う。渋沢敬三《しぶさわけいぞう》先生の友人で、詩人であり、英文学者である中村為治《なかむらためじ》氏が、そのころ番所へ家をたてて住みついた。渋沢先生は中村さんからのハガキを私に見せて、

「純粋すぎて、こういう世の中にはあわないの

だよ。それでこんなところへ這い上ってしまった。二階も三階もうるさいから、天井裏へ這い上ったというところかな。番所というところは、たいへんなところだよ。戦争も番所までは追っかけないだろう」

と話された。

よくよく戦争のきらいな人なのであろうと思った。しかも、そのハガキには「乗鞍元年」としてあって、中村さん独自の私年号を用いていた。

「乗鞍元年はいいですね」

「おそらくそこで彼独自の生活がはじまるよ。えらい男でね。ただの隠遁ではない。麓の民家を買って、それを解いて、その材木の一本一本をエッチラオッチラかつぎあげて、自分で造ったのだ。一年以上もかかっただろう。彼の高天原《たかまがはら》がこれから始まるわけだ」

私は、中村さんについてくわしいことは知らな

乗鞍高原ロッジ付近から番所原を見る。0556-15b　1965年7月22日

かったが、お名前だけは昭和の初め頃から知っていた。岩波文庫におさめられたバーンズとキップリングの詩集を訳した人である。番所へはいるまでは東京商大の教授をしていたと思う。それが戦争のかもし出す世事的な矛盾にみちたわずらわしさ、戦争そのものに大きな疑問をもっているだけに、それにたえかねて、日本ではいちばん高いところにある集落の、さらにいちばん上のところに家をたてて引きうつったのであった。

渋沢先生の書斎に一枚の油絵がかかっていた。青い空、白い雲、その空を目ざして一本のカラマツの若芽がまっすぐにのびている。いかにも清純にみちた絵であったが、その作者が中村さんであった。中村さんはそのカラマツの絵のような人であった。

戦争がすんでから、渋沢先生をはじめ先生

の周囲の人たちは番所をおとずれて、この山荘にとまって来て、みないいところだとほめ、日本にもあんなにいいところがあるだろうかといった。眺望がひろく雄大で、中村さんの山荘から見る視界には民家も畑もほとんどなく、一面の樹海で、空はあくまで澄んでいた。

中村さんはそこで百姓をはじめた。それは手すさびにする百姓ではなく、技術的には第一等の百姓であることを願って、時折、下界へ下って来て技術の習得につとめた。そこで私も、戦後、渋沢邸でしばしばお目にかかるようになった。

中村さんの百姓は、技術的には成功であった。新しく開墾した畑ですばらしい白菜をつくった。しかし、それをトラックに積んでいちばん近い大きな市場である名古屋まで持って出て売ると、食料品のべらぼうに高い時代であったにもかかわらず、運賃が高くかかって、もうけにはならなかった。一方また、ここまで闇買いに来るものはなかった。技術がまずくて失敗したのではなく、市場が遠いということが何よりの致命傷で、このあたりの百姓が保守的と見える生活をしながら、貧しく生きてきた理由を身をもって体験した。と同時に、中村さんも中村さんのペースに戻って、著述と印税の生活に戻ってゆく。

限られた条件の中で、生きてゆくということは実にむずかしい。しかし、その中で少しずつ前進してきたのである。

大野川　梓川のほとりの前川渡からわかれて峡谷をのぼってゆくと、視野がだんだんひらけてくる。そこに大野川がある。昔の鎌倉往還（飛騨道）はここを通って、南へゆけば神祠《ほこら》峠、部落

柴刈・草刈の日を定めたポスター。**0556-14b**
1965年7月22日

のすぐ北の小大野川《こおおの》の峡谷をわたって坂をのぼってゆくと、桧峠をこえて白骨温泉に出る。その白骨からさらに北の、中ノ湯にいたり、安房《あぼう》峠をこえる道が飛騨道で、大野川にはさきにも言ったように番《ばん》所《しょ》があった。しかしこの番所のまえに、いまの番所《ばんどころ》のあたりにも番所《ばんしょ》があったという。そこに大樋《おおび》という鉛山があった。

　大樋の鉛山は、甲斐の武田氏がこのあたりを支配していたころに開発し、天正一〇年（一五八二）以降は小笠原氏が経営し、そのための番所がおかれていた。しかし享保（一七一六～三六）の頃から鉛が出なくなり、廃山になるとともに、飛騨道の方も野麦峠から奈川谷を通る道が主になって、大野川は非常な窮境におちいった。

　元来、大野川というところは、川のほとりの急崖にしがみつくように家ができているが、日あたりがよく、風があたらず、冬、しのぎやすいところなので、せまいところに寄りそって家をつくっ

出作定住の家。（上）0553-!!Sb（下）0553-!Sa　1965年6月20日

古い民家。中には土壁の家もある。（上）0553-04b（下）0553-01a
1965 年 6 月 20 日

たものであろう。それも飛驒道の荷持ちの仕事があったり、鉛山へ食料をはこんだり、鉛を松本へ持って出たりする仕事があったからよかったのだが、それがなくなると、全く途方にくれてしまうようなところであった。

大野川のすぐ上から乗鞍の方へつながる台地は、ごろごろした熔岩が折りかさなっていて、どうしようもないところ。そこで夏は、そのさらに上方の火山灰地のところをひらいてソバやヒエをつくり、出作《でづくり》小屋をたてて寝起きし、冬になると大野川に下って来て、細々とした生活をたてるようになった。それよりほかに生きる道はなかったのである。

とにかく、江戸時代後期の大野川の人たちは生きていくことが精いっぱいであった。しかも戸数は九〇戸にものぼっていた。それが広い山地の中にポツンと一つ忘れられたように存在していた。山林も農地も村の惣有で、誰がどこを開いて耕作しても文句をいうものはなく、庄屋へ届け出しておきさえすれば、それでよかった。

それで、大野川にいなければできないという仕事がなくなるにつれて、村人たちは次第に番所原や桧峠の南側の、耕地として利用できるような土地へ定住をはじめた。はじめは掘立小屋の土間住いであった。その名残を思わせる小屋がところどころに残っている。

奈川谷のように、白木とりや、ガワ師や牛方のような仕事も少ないのだから、その生活もいちだんと低かった。それに奈川谷は、いちばん西の端の川浦で海抜一二〇〇メートルだが、番所は村の真中どころで一三〇〇メートルである。

山荘風の家。蚕を飼っていた。0553-04a　1965年6月20日

番所でも、生活の向上に寄与したのは養蚕であった。六月までは霜のおりることがあり、十月にはまた霜がくるので、蚕は夏蚕一回だけしか飼えなかったが、それでも金銭の収入のあるということは、よいことであった。いま一つは、男たちが国有林労務にしたがうことであった。

近代化への指向

山の中では自足自給は成りたたなかった。とにかくこの二つの金銭収入が、掘立小屋から床のある家へと生活を向上させた。大正時代の終りに、前川渡から森林軌道が敷かれて、乗鞍東麓の国有林が伐採されたことがあり、人びとはその仕事にしたがったのであった。

いま一つ、貧しい生活をしながらも人びとがこの地をはなれたがらなかったのは、広い惣有林をもっていたからである。面積は三〇〇〇ヘクタールにのぼった。これが後に村有林に編入されてい

比較的あたらしい家は床が高くなる。0553-03a　1965年6月20日

るけれども、利用しているのは大野川区の人びとである。学校もこれで建てることができるし、青年団の運営も区の運営も、すべて村有林からの収益に依存した。ワラビ根もそこで掘ったし、春はワラビをそこでとった。

ところが、家のまわりの畑を水田にすることに成功して、急に活気が出はじめた。もともと、この高冷地で稲のできることは考えられぬことであったが、戦後、交通が便利になってから、松本平の農家へたのんで苗をつくってもらい、それをトラックで運んで栽培することになった。苗は何もこの地で育てなければならないことはなかったのである。

このような方法は、戦後間もなく飛驒地方でおこった。それが漸次、山間各地に広まったものであろう。米ができるということになると、田にできるところはすべて拓いて田にした。

日本でいちばん高いところにある水田。0552-36a　1965年6月20日

中村さんの家の前から見おろした田圃《たんぼ》が、この地ではいちばん高いところにあるのだが、標高は一三〇〇メートルをこえており、日本でいちばん高いところにある。人間の工夫はすごいものだと思った。ビニールを利用しても、この地で五月末までに苗を育てあげることは無理とみえて、ビニール苗代はほとんど見かけなかった。だから今も松本平から苗をもって来ているのだと思うが、とにかく日本人は、米の飯が食えると腰がおちついてくる。

こうして番所の人たちは、次第に前途に希望をもってきたのであった。さらに人びとに希望を与えたのは、スキーをしにここへおとずれる人びとであった。

ここには四六〇ヘクタールほどの高原牧場がある。夏は牛を放牧するが、冬はスキー場になる。よいスロープがあって、スキーには

鈴蘭小屋も今はりっぱな旅館になる。0552-33a　1965年6月20日

最適の地とされ、かつて日本のスキー界のホープであった猪谷《いがや》選手もここで練習した。

スキー客の宿　そして、この地の名が知られるようになるとだんだんスキー客もふえてきて、そのために、村人たちが小屋をたてて世話をした。五万分の一の地図に鈴蘭《すずらん》小屋というのがのっているが、それがいちばん古い。客が多いので、間もなく二軒、三軒とふえていったが、みな番所の人たちの建てたものであった。

こうして、番所の人たちは下界の人たちと接触をもつようになったのだが、この人たちは皆、紳士であった。鈴蘭小屋できいた話だが、

「もう一五年あまりもこうしてロッジを経営していますが、冬になると、スキーをする人がたくさん来ます。はじめのうちは、知った者同士で一部屋にいてもらいますが、時には見知らぬ人にも相部屋をしてもらいます。そんなことがあっても、

番所から乗鞍高原という名にかわったあたりはロッジがふえる。0552-34a
1965年6月20日

物がなくなったということは、今まで一度もないのです。また、吹雪で帰れなくて滞在が長びきますね。すると金が足らなくなる。そんなときには、帰ってから送ってもらうことにしていますが、ネコババをきめた人は一人もないのです。ここへ来る人はみんないい人たちですね。それに宣伝も何もいらないのです。前に来た人に教えてもらっては、やって来ます。」

とにかく、他の観光地では考えられないような話である。

「この間も下の方へいってきいたのですが、上高地へいったら、一晩とまって六〇〇〇円もとられたそうで、観光客が役場へ文句を言った。役場からその旅館へ事実かどうかを問いあわせたら、事実だったそうです。そして、文句をいう客は二度ととまってくれなくてもいい、いくらでも客はあるのだから、といったそうです。」

乗鞍高原のロッジ。0552-34b　1965年6月20日

番所の人には、そういうことは考えられないとのことである。

　番所には、ヒュッテやロッジのほかに会社の寮や林間学校もできはじめており、国民休暇村もできている。東大のコロナ観測所の寮もある。それらが木立の中に点々として見える。いずれも村有地内で、そういう建物に対しては土地を貸すとともに、ヒュッテはできるだけ村人が経営にあたるようにと、村も指導している。

　昭和四〇年現在で、番所には一六《〔ママ〕》の山小屋旅館があるが、その一一までは地元のものが経営し、高山市 四、名古屋 一、厚生省 一となっており、国民休暇村付近は乗鞍高原と名づけられ、厚生省に貸付け、厚生省指導のもとにきわめて健康的な保養地をつくろうとしている。

学生村

　いまひとつの試みは学生村である。ヒュッテとか山荘とかいわれるものが、これ

学生村の入口。0556-13b　　1965年7月22日

までスキー客を相手にしていたのに対して、夏の涼しさを利用して、村役場の指導で学生村をはじめた。

夏休みの間、大学生や高校生がここにきてミッチリ勉強できるようにしようとするもので、いわゆる、民宿なのである。昭和三七年にはじめた。四〇年七月現在で民宿組合員は七三人であるが、実際に学生をとめているのは三〇軒ほどである。利用者の延人員は、

昭和三八年　三三二二人
　　三九　　五一四四
　　四〇　　七七六六

と、年々すごくふえている。ただし、昭和四〇年現在で三食付一泊で五〇〇〇円なのである。今はもう少し高くなっているだろう。安曇村《あづみむら》の役場が窓口になっていて、そこへ申し込めば、それぞれ民家を割りあててくれる。利用者は東京と大阪方面

民宿のために家を改造する。0552-37b　1965年6月20日

の人が多い。

そこで、上の写真を見ていただきたい。軒の低い石置板屋根の家が在来の家である。これでは民宿の資格がない。民宿をおこなうには、台所と便所を改造しなければならない。また、家族の誰かが調理師の資格をもっていなければならない。この条件が、住民の生活意識をずっと向上させた。

一方、安曇村は、民宿を志す者に農業協同組合とはかり、また県とはかって融資するようにした。村人はその金を借りて、どしどし住宅の改造をはじめた。借銭はできたが、快適な家に住み、文化的な生活もできる。

たとえば、家の子供たちは、とまっているお兄ちゃんやお姉ちゃんと勉強のつかれたときあそんでもらえる。夕はんのときは、にぎやかで話もはずむ。若い人たちが来るようになって、盆踊はいままでになくにぎやかである。その学生たちの帰

改造した家が村の姿をかえる。0552-36b　1965年6月20日

ったあとも、ずっと文通がつづいていく。

冬はスキー客もとまる。利益が大きくはないが、家の中の生活が向上したばかりでなく、蔬菜づくりなども熱心になってきた。何よりもよいことは、村人以外の若い人たちに親しく接することにより視野のひろくなったこと、社会性を身につけたことである。借銭はできたけれども、払う目途はたっている。

そして村人たちは、こんなにかわっていくことをよかったと思っている。時の流れを上手につかめば、山の中に住んでいても、おくれをとるものではないと思っている。

私の友はこの民宿の調査に参加して、その後、妻を迎えたとき、新婚旅行にこの地へ来て、感激にみちた数日をすごした。

7　桧峠の道

黒川渡から番所へ

昭和四〇年六月、林道調査の予備調査に来たとき、私は奈川温泉にとまった。そしてその翌日は、角ガ平《つのだいら》まであるいて、そこから神祠峠《ほこら》をこえて大野川に下り、さらに、桧峠をこえて白骨《しらほね》へいってみる考えであった。

ところが、林道の測量や設計をやっている人たちが番所《ばんどころ》の鈴蘭《すずらん》小屋にとまっているから、一度逢ってゆかれた方がよいでしょうと、役場の人にすすめられ、自動車で鈴蘭小屋まで送りますからといってくれるので、その言葉にあまえて、翌朝、番所まで送ってもらうことにした。自動車ならば奈川渡《ながわど》まで出て、そこから梓川峡谷を四キロほどさかのぼり、前川渡《まえかわど》から左に折れて大野川の谷をさかのぼる。大野川部落へのぼる手まえに、左手の山の斜面に細い道が見える。それが神祠峠へのぼる道である。昔のままの細道である。

大野川は木立の中にある。昔はここに一五〇戸も家があったというが、おそろしく狭いところである。今はここから番所・桧峠・白骨など方々へ散っていってしまっているが、昔は、夏は出作《でづくり》小屋で生活し、冬になるとここへかえって冬ごもりしたという。白骨温泉へいっている人たちも、戦前までは冬になるとここへ帰ってすごしたが、いまは温泉地で越冬するようにしている者が多い。しかし、白骨には学校がなく、大野川まで通わなければならず、冬は交通が杜絶するので、大野川まで帰って来て子供を学校へ通わせ、春になると白骨へゆく家もある。

大野川からしばらくゆくと台地の上に出る。そのあたりは民家も多く、今は大野川区の中心部をなしているといっていい。

民家の板壁に山の口日定が貼ってあるので、車をとめてもらって写真にとった（128ページ）。この村は共有地が広いので、いまでも田や畑に入れる柴や草は共有地のものを刈っている。そしてその刈る日を定めておいて、その日に皆いっせいに出て刈るのである。人数に制限はない。そういうところに、共同体としての村のおもかげを見ることができる。

しばらくいくと、男が立っていて、車をとめさせて行きさきをきいた。鈴蘭小屋までだというと、それから奥へはゆかぬかという。行かないと答えると、それではどうぞと、その男は言った。

「何かあったのですか」

ときくと、

「いや、ワラビをとりにいく車かと思ったのです。ワラビとりなら、ここで一〇〇円ずついただくことになっていますので…」

と男は頭をかいた。

「ほう、自動車でワラビをとりにくるのですか」

「ええ、松本あたりから来ます。日曜日など、多いときには二〇〇台も来ますよ」

とその男は笑った。一〇〇円でも二〇〇台なら二万円になる。それは村の運営費の一部にあてる。

ここへ立つのは村人が交代で当る。そういう話の中にも、この村の姿がわかる。

私はそれから鈴蘭小屋までいって、送って来てもらった役場の人とわかれ、そこで仕事している森林公団の人にあった。大阪の事務所から来て仕事しているとのことであった。地図の上にしるされた赤線をたよりに測量しながら、現地の状況をたしかめて工事の設計をたてていく。黒川渡《くろかわど》からはじめて番所まで終え、いま白骨までの間を測量しているという。まったくたいへんな仕事である。私はそこで昼すぎまでいろいろ話をきいて出かけた。

外へ出てみると曇っている。それが山の緑を暗くしている。これから白骨まで一二キロあるという。鈴蘭小屋から北へまっすぐのぼって鈴蘭峠をこえると、坂は急だが距離は半分である。しかし私は鎌倉往還があるいて見たかった。

鈴蘭小屋から、昔、鉛をほったという金山《かなやま》のあたりまでは、一面に若い木が茂っていて、その間から山荘風な家がのぞいている。自然が全然荒れていないので、いかにもおおらかで、しかも静かである。

中村さんの家へ寄ってみると、中村さんは東京へいって留守で、奥さんがひとり縫物をしていた。風よけに植えた家のまえのカラマツが成長して、すっかり家をつつんでいる。中村さんは読書や執筆のほかは絵をかいてたのしんでいる。その絵が何枚も壁にたてかけてあった。

私はそこでお茶をごちそうになって、また歩きはじめた。

番所の部落まで来ると、村の中を見ておきたいと思って一軒一軒のぞきこむようにあるいている

林の中をあるいていると思いもうけぬところに沼がある。**0553-07a**
1965年6月20日

うちに、突然、豪雨になった。農家の軒下に雨やどりさせてもらって、そこの主婦からいろいろ話をきく。いま見て来たばかりの家の様子や作物のことなど、民宿についてもあらましきいた。

そのうち雨がやんだので、またあるき出した。教えられたようにしばらく下っていって、左へのぼる道をゆくと小学校がある。山村にしてはりっぱな建物である。村の共有林を伐って売って建てたものである。雨やどりをしていたために、もう時計は四時に近いので、学校へ寄って話をきく時間がない。

学校のそばの氏神さまを拝んで林の中をゆくと、突然、小さい沼のほとりに出た。自然のままのひっそりした静けさと美しさに心をうたれて、たおれた木の上にしばらく腰をおろして水の面を見つめた。雨はポロポロ降っている。雨の中をあるくほどわびしいものはない。

鎌倉往還（街道）には石が敷いてあった。0553-08b　1965年6月20日

私はまた立ちあがった。

鎌倉往還

沼のほとりからしばらくゆくと、右からくる細道に出あった。石がしいてある。これが昔の鎌倉往還で、後に飛騨道といわれたもの。この道を通って白骨へもゆき、さらに安《あ》房《ぼう》峠をこえて飛騨へいったのである。しかし古い道である。何百年というほどつづいてきた道である。細々としているけれども、どれほどの人が通ったものであろうか。

白骨への湯治《とうじ》客も大正時代まではすべてこの道をあるいていった。この道はすこしゆくと深い谷底へ下ってゆく。小大野川のつくった谷は深く、川岸はきったてたような崖で、その崖に九十九折《つづらおれ》になった道がついている。昔の難所だったのであろう。十半《とおはん》坂といっている。雨にぬれた道を用心しながら下ってゆくのだが、つい足をすべらせて尻もちをつく。

往還の敷石も谷まで下るとみだれている。0553-09a　　1965年6月20日

いま往還には吊橋がかかっている。0553-09b　1965年6月20日

家のまわりにはアンズなど、くだものの木が多い。**0553-13b**　1965年6月20日

やっと谷底までおりると吊橋がある。昔はどのようにしてこの川をわたったのであろうか。孤独が身をかむさびしさで、雨は音をたてて降ってきた。一本の折《おり》たたみ傘をさしているにすぎないので、ズボンも服もぬれてしまう。

橋をわたって坂道をのぼってゆく。道にそった両側の山のせまった谷間に、家が点々としてある。番所原の家は低くてもどこか明るかったのに、この谷の家は、すべて二階でありながら暗い。それに、どの家も戸をとじてひっそりしている。雨のために戸をとざしたのであろうか。空屋なのかと思うと、そうではない。水洗場には桶に茶碗が入れられて、それにきれいなやり水が音をたてておちている。このように戸をしめられてしまっていると、戸をあけて、

「ごめんなさい」

と声をかけてみる気もおこらない。それにどうし

たことか、妙につかれが出ている。

入口がすこしあいて煙でも出ておれば、声をかけて中へはいり、いろりばたでしばらく休ませてもらうのだが、とりつく島もないような気持である。

家は木下闇の中に立っている。みな二階造りなのは養蚕をしたためで、軒下に養蚕道具がくさりかけているのもあった。しかし今は、養蚕は昔語りになっているようである。

椎茸の原木を林の下にたてかけた家が多い。0553-13a
1965年6月20日

この谷には水田をひらく余地もなければ、民宿ののぞみもないであろう。なぜなら、大野川の台地から小大野川の谷へ下ってくる道があまりにもわるい。この道のよくなることがあるのであろうか。全く忘れられた世界である。家のまわりの木のよく茂ったところへは椎茸の原木がたくさんたてかけてある。今は椎茸による収入が最大のものらし

大きな板倉がアンズの木の下にある。0553-12b　1965年6月20日

いが、それも谷の底の方の家で、谷の奥の方になると、椎茸も見られない。

　白骨への湯治客の通った頃には、その客に売りつけたものか、アンズの木が多い。が、今はろくに実もなっていない。昔はこれで、山ふところのほんとにいい所であったと思われる。白骨の湯治客の荷持ちをしたり、山畑をつくったり、明治時代からは蚕も飼って、番所などよりも暮らしのよかった時代があったようである。それは家の構えにうかがうことができる。

　が、ひとたび人が通らなくなると、もう、どうしようもなくなるのである。そして一人去り、二人去って行くことであろう。

　私はゆっくりと坂をのぼってゆく。休みたいけれども休めない。すべてのものがぬれていて、腰をおろすところもない。胸のあたりから下はぐっしょりぬれた。

廃屋の礎石はのこる。0553-17a　1965年6月20日

もう家も上の方に一、二軒見えるところまで来たとき、屋敷あとを一つ見た。周囲に高く石をつみあげて、その石の上辺をコンクリートで張ってあるところもあるから、あるいは、コンクリートのつかわれはじめた大正の終り頃にでも建てたものか。いろりのところも石で高くつみあげて、床の高い家である。大きくはないが、住み心地のわるい家ではなかったと思われる。家の住み心地はわるくなくても、環境がわるくなったのである。

そこをすぎてまたのぼってゆく。

古い道　私が古い道をあるくのは、ただ、さびれはてた風景に感傷をおぼえようとするためではなかった。昔の人たちは、どんなところに道をつけ、その道をどのように利用し、またどんな気持でその道をあるいたであろうか。道が産業や文化や経済におよぼした影響はどういうものであっただろうか、を見たいと思ったことからである。

ショイコは軒下で朽ちていた。0553-11a
1965年6月20日

秋田県桧木内《ひのきない》のマタギは、彼らだけの知っている道をたどって、奈良県吉野の山中までクマをとりにいったものだと話していたし、奈良県天《てん》ノ川《かわ》の樽丸師たちは、おなじように、彼らたちの道を利用して、ほとんど人里は通らないで岐阜県あたりまであるいていったという。

　そうした中でもいちばんおどろいたのは、高知県の山中で徳島県から愛媛県石鎚山《いしづちさん》の下へゆくレプラ患者の女に逢って、カッタイ道というもののあることを教えられた。徳島県から山の中の細道ばかりたどって来たのだと話していた。

　古い塩の道もいくつかあるいてみた。昔は、目的によって、通る人によって、きまった道もあったのである。村の中にある嫁入道・葬式道などをはじめ、私の郷里には神主《かんぬし》の通る太夫様道というのがあった。

（上）桧峠の頂上近く。民家の破風の上の低いところが峠である。**0553-18b**　1965年6月20日

（下）大野川の桧峠への入口。敷石道はここからはじまる。
1965年6月20日か

ハサもいまは草にうずもれている。0553-11b　1965年6月20日

山中の道なども、そのはじめは、ある目的を持った人たちが、そこを通るためにできた道も少なくなかった。

寛政年間に、安房峠をこえて中ノ湯から白骨を経て大野川へ出る道がふさがれて後、野麦道だけでは不便だというので、文政一三年（一八三〇）に松本から西へいった小倉《おぐら》から黒沢《くろさわ》に入り、鍋《なべ》冠山《かんむりやま》（二一九四メートル）の頂上にのぼって、尾根づたいにまっすぐに西へいって、大滝山《おおたきやま》の上に出、そこから上高地に下って、中ノ湯・安房峠を経て飛騨高山へ出る道をひらいたことがある。高山では、この道を利用して松本平の米を買入れようとしたのであるが、冬時利用できないので、それほど多くは利用されなかったが、この道は牛馬も通れるほどのものであった。

実現はしなかったけれども、加賀藩は参勤交代の費用を節約するために、北国街道《ほっこくかいどう》を糸魚川《いといがわ》へま

出作畑も草地にかわる。0553-19a　1965年6月20日

わるのをやめて、富山から神通川《じんつうがわ》をさかのぼり、さらに支流の高原川《たかはらがわ》の上流の中尾《なかお》から焼岳《やけだけ》（二四五五メートル）の八合目のところをこえる中尾峠を経て中ノ湯に下り、大野川・入山・島々の道を参勤交代に利用しようと計画したことがある。途中に人家が少なく、人夫調達が困難で沙汰やみになったけれども、その道がいま富山と東京をつなぐ道路になろうとしている。しかもこの道も鎌倉往還だったといわれている。人は利用し得る便利なところには、どんな山中でも遠い昔から道をつけて利用していた。

出作畑

桧峠の村も出作《でづく》りの定住したものであった。出作畑《ばた》の特徴は、傾斜をそのまま利用していることが一つ。畑と山村との境がほとんど区別がなかった。焼畑というほどでなくとも、切替をおこなっていたためである。焼畑ならば、いちど伐って三～四年つくり、山にかえして二〇年近くもそのままにして

出作畑へカラマツを植える。0553-15a　1965年6月20日

おいて、立ち茂った木をまた伐って畑をひらく。それにはかなり広い土地を必要とするが、このあたりは傾斜が一般に急で、焼畑に適するところが少なかった。そこで、畑を二～三年作って土がやせると、放置して草を生やす。二年もたてばよく茂るから、そこを焼いてまた畑にするというふうに、比較的せまい土地を利用して切替をおこなった。そういうところではソバがもっとも多く作られた。あるときは、これが桑畑になったこともあるが、戦争中からまたソバ畑にかわった。

しかし、そういうものを作ってみても、多くの労力をかけてまずいものばかり食べていなければならないので、その畑にも次第にカラマツを植えるようになった。作物をつくらなくなれば、こんな不便なところにいても仕方がない。やがては番所あたりへ出ていくのであろうが、思えば長い苦闘の歴史であった。

桧峠を北側から見る。0553-21a　1965年6月20日

桧峠

谷の家がつきて、しばらくゆくと桧峠《ひのきとうげ》の上に出る。奈川の谷へ来てたびたびきいた名であるから、どんなところかと思ったら、実に平凡なさびしいところであった。家もなければ道しるべもない。道祖神などもまつってはいない。細道が一本通っているだけである。その道が峠の上で二つにわかれる。

右へゆくと急な下り坂になって、梓川のほとりの沢渡《さわんど》へ下る。沢渡も大野川の枝村で、早くから出作小屋があって、大野川から桧峠をこえて耕作にいっていたが、いつか定住するようになり、さらに、大野川から前川渡へ出て梓川をさかのぼる車道ができてからは、その方の道を利用するようになり、桧峠の道をこえるものは、ほとんどなくなった。

左へゆけば白骨道である。何のおもむきもないただの細道である。しかも、道は草にうずもれて

桧峠の頂上。道はくずれはてていた。0553-20a　1965年6月20日

いて、その草を押しわけてあるかねばならぬ。傘はさしてあるけない。仕方がないから傘をとじ、木の枝をもって、ときには杖にし、ときには草を押しわけるのに使ってあるいてゆく。細い道で、踏みはずすと雑木の茂った中へ二〜三メートルすべりおちる。

たいへんな道だと思うが、引きかえすわけにはゆかぬ。もう疲れはてて足が動かない。道は等高線にそっているので、道幅さえあれば、あるくのは楽なのだが……。沢水のあるところでは沢水をのみ、イタドリがあると茎を折って皮をむいてたべた。木の茂っているところへ来ると、下草もまばらでほっとする。

はるか下に梓川がうねって流れているのが見える。沢渡のあたりである。雨が小止みになってホッとする。しかし、谷から吹きあげる風が木の雫をたたきつける。

桧峠を北へこえて梓川の谷を見る。0553-21b　1965年6月20日

沢渡の前上のところまで来ると、道は大きく曲って白骨の谷の斜面になる。谷の向う側の断崖が黒く暗い。こちら側にも大きな崖くずれがある。その上を通ると道は下りになる。その上、そこからさきは草も刈ってある。白骨の人たちが刈ったものであろうか。木も茂っていて、あるくのは楽になる。その木の間から谷間に赤や青の屋根が見えてきた。それが白骨であった。緑の木々の中にうずもれている。その白骨の見えるところでしばらく腰をおろして休んだ。休んでいる間に家々の灯が次第に明るくなりはじめた。いつか暮れてきたのである。

古代以来、多くの人たちは、このさびしく、おもむきもない木の下道を、ひたすらに歩きつづけてきたのであろうか。東海道の松並木の道と思いくらべて、さびしさにたえた山人の人生を考えてみた。

白骨の谷は両崖が急崖である。雨や雪のたびにくずれるので道もわるい。
0554-07b 1965年6月21〜22日

8　白骨温泉

白骨という ところ

白骨《しらほね》温泉の入口のところに「中里介山先生作　小説大菩薩峠記念碑」がたっている。

白骨の湯がひろく天下に知られたのは、『大菩薩峠』によって紹介されてからと言ってよい。私もこの小説を新聞連載中に読んだことがあるが、もうほとんどおぼえていない。が、小説で想像していたところよりも、もっと素朴であった。

小説『大菩薩峠』の碑。0554-03b 1965年6月21日

ほんとに奥まった山奥のひっそりした温泉なのだが、それでいて信濃と飛驒を結ぶ道にそっていたところから、この道を通りあわせたものは、ここで一風呂あびては通りすぎていったものであろう。そして、もともとは野天風呂であったと思われる。

いまでも、温泉場入口の川をわたる手まえの道の下に野天風呂がある。崖

野天風呂。0554-01a　　1965年6月21日

の途中に上からおちてくる湯をうけて、掘りためた湯槽がある。そのそばに脱衣場もつくられていたが、いまは屋根も壁もなくなってしまっているから、ここに入湯する者もなくなっているのであろう。しかし、昔の通りあわせの旅人には、こんな気らくにはいれる温泉はないであろう。と同時に、こういう温泉に何のこだわりもなくはいれたような雰囲気はのこしておきたいものである。

山中の温泉にはこうしたものが多かった。あふれ出る湯をうけて、みんながそれをあびる。そして、そのそばに小屋をつくっておいて宿泊するものはそこへとまる。昔はたいてい自炊が主であった。この温泉もそうした性質のものであっただろう。

この温泉は硫黄泉であるが、地中に石灰岩の層があり、その中をくぐってふきあげてくるので石灰岩を硫黄がとかして白濁しているが、その湯が外気にふれて岩や木につくと少しずつ凝固し堆積《たいせき》していく。そして鍾乳洞に見られるとおなじような現象がおこっていく。上からだんだん鍾乳石が下ってくる。しかし他の鍾乳洞のように非常に長い年月をかけてできあがったものではなく、比較的短い期間にできあがったもので、いたってもろい。乳石の重み自身でちぎれておちるものもある。しかし、そういうものも長い年月にはかたまってゆくのであろう。

白骨の谷を流れる湯川は、白骨の入口のところに橋を持たぬ。石灰岩がそのまま橋になって、川は石灰岩のトンネルをくぐって流れているのである。また、その橋をわたって右の方へ上っていったところには噴湯丘というのがあって、天然記念物に指定されている。いまは木が茂って全貌がよくわからないが、林の中一面に石灰岩があり、それは大きな割れ目や、深い穴をいくつももってい る。底はきわめて深いよ

野天風呂の上の鍾乳石。0554-02b　1965年6月21日

石灰岩がだんだん崖の上にせり出してくる。
0554-01b　1965年6月21日

うである。

これは、ある時期にここに石灰岩をとかした湯が湧出しており、それが、堆積して冷却し、また、浸蝕されて割目や洞穴を生じたものと見られている。

しかも、その岩はかなりかたいもので、表面を苔が美しくおおっているので、庭石にぬすみに来る人が多く、それを割りとったあとが方々に見られた。困ったことをするものだと思うが、たいてい、夜、トラックでやって来てぬすんでいくそうである。

美女の首

このような噴湯丘は、あるいは今から三〜四〇〇年くらいまではまだ湯の噴出があって、生成せられていたのではないかと思われる。噴湯丘に近い新宅《しんたく》旅館から、そこへゆくために、手まえのまだ十分かたまっていない石灰岩の丘を掘り割って道をつくっていたら、その石灰岩の中から人の頭骨が出てきた。東京大学の人類学教室で見てもらったら、三〇歳前後の女で、時代的には鎌倉の頃のものではなかろうかとの推定であった。

私もその頭骨を見せてもらったが、骨は緻密で、なるほど若い感じがする。中頭型の頭で細面であり、肉をつけてみると、美人であったと思われる。首を斬られたものと見えて、左の耳の下が削《そ》がれている。殺して首を斬ったのか、一刀のもとに首を斬りおとしたのか、胴の骨がないからわからないが、おそらくは、ふつふつと湧きたぎつ湯の中に捨てられ、そのまま石灰沈澱の中で今日まで保存されたものであろう。

何が原因であったかはわからないが、おそらくは情痴関係ではないかと思われる。多分、湯治に来ていて男に殺されたのであろうが、相手が腕のたつ武士か何かであったことは斬り口で想像される。山中のいまよりはもっともっとひっそりしていたこの温泉にほっそりした美女の湯治もおこなわれていたわけである。これ以上の想像は避けるが、この美女の殺されたころの白骨は、白骨という文字が実感としてひびくほど白濁した湯が噴き出ており、ところどころに白骨のような丘をつくっていたものと思われる。

石灰岩の成長。0554-04a　1965年6月21日

タンクをつつみゆく石灰岩。0553-29a
1965年6月21日

いまも石灰をとかした湯はふきでており、それのあふれこぼれるところには、見るみる石灰岩の塔ができてゆく。しかも湯は豊富で、小さいながら噴湯丘をつくるのではないかと思われる。前ページ写真の掛樋のつぎ目からこぼれおちた湯によってできた奇妙な岩は、一〇年間にこれほどのものになったのだという。二〜三年まえにつくった温泉掘抜のタンクなども、やがて大きな円筒形の岩になるのではあるまいか。

湯の制度

白骨温泉は昔から湿瘡に効用があるとされて、松本平の人たちの入湯が多く、また名古屋付近の人たちも、木曾谷を通ってここにやって来たものである。そして、この温泉は大野川で管理していた。湯の出るところに湯槽をつくり、小屋掛をしておいて、入湯に来たものは小屋にとまって自炊し、勝手気ままに入湯したものであるが、松本や名古屋の方から来るには、どうしても大野川を通らねばならぬ。大野川の庄屋は道にそった家なので、湯へいく人から湯銭をとりたてるのに便利であった。その湯銭は村の費用にあてていた。

泉源は、庄屋所有のものと村持ちのものがあったが、幕末の頃になると、入湯客も次第に増してきたし、遠くから来るものは自炊道具を持って来るのもたいへんだから、庄屋の家では自分の湯のそばに家を建て、食事なども出すようにして、宿屋経営にのり出した。これがいまの湯元斎藤旅館である。

庄屋の家は斎藤といったが、斎藤には弟があって、その弟にも旅館を経営させることにした。こ

（上）白骨温泉。0553-31b　1965 年 6 月 21 日
（中）湯元 斎藤旅館（中央の建物）。0553-33a　同上
（下）新宅旅館。0553-25a　同上

れがいまの新宅《しんたく》旅館で、湯は、はじめ村の泉源を用いていた。いまは新しく個人で掘っている。

この二軒の宿のほかに、幕末の頃には柳屋・大石屋の二軒が、村の湯を利用して宿屋をいとなんでいた。いずれも大野川の人である。そして建物そのものも部落のもので、はじめは一期一〇年を限って貸していたが、後に三〇年にのばされた。そして、屋号は柳屋・大石屋（今の大石館）であっても、経営するものはかわってゆく。

（上）新しい野天風呂。0553-27b　1965年6月21日
（中）（下）泡の湯の野天風呂。　写真 田村善次郎
1965年7月19〜24日か

たとえば、いま泡の湯という旅館を経営しているうちは、もと柳屋を経営していたが、自分の持地をボーリングしたら湯が出てきたのでそこへ建物をたて、湯も宿も個人持ちになった。柳屋はそのあと、いまのえびす屋が経営していた。えびす屋はもとソバ屋であった。ここにはもう一軒ソバ屋があって、うまいソバをたべさせてくれる。えびす屋は、柳屋を経営することになったのでソバ屋の方にも人をとめることにしたが、この方は湯がなかったわけである。ところが昭和三一年、自分の地所内をボーリングしたら湯が出てきたので、独立した温泉旅館になり、柳屋は村へかえし、別の人が経営することになる。

（上）湯殿の新装。0553-24a　1965年6月21日
（下）石置屋根の湯の宿。0554-05a　同上

いまこのほかに、湯川荘・つるや・湯元旅館などがあるが、湯川荘は昭和三〇年に国有地を借りて旅館をたて、湯は大石館と半々で村のものをつかっている。つるやも三二年にあらたに建て、湯元別館は湯元の湯を利用し、湯元が経営していたが、いまは分家独立し

（上）一番古い建物。障子が美しい。0553-23a
1965年6月21日
（下）明治にできた建物。0553-27a
同上

て経営している。

このように、白骨の湯はそのほとんどが大野川の人たちによって経営されている温泉で、いわば大野川の枝村といった感じである。

出張から定住へ

白骨はことのほか冬が寒い。だから、その寒さにたえかねて、雪が降りはじめると、みな大野川へひきあげていった。宿は戸をとざしたままであった。もとは宿も小さなものであった。いま新宅旅館に江戸時代からの建物がのこっている。小さいが風格のあるものである。

それがだんだん新しい建物をつけ加えて大きくなっていく。冬そのまましめておくのも、もったいないような話である。

戦争中、湯元の主人は翼賛壮年団長などやっていたため追放になったので、温泉にこもって冬になっても大野川へ帰って来なかった。そこで村人も話し相手にたずねてゆくようになり、他の旅館

一新講社の看板。0553-25b　1965年6月21日

でも越冬する者がふえ、そのことを知って客もボツボツやって来、スキーもできるので正月前後にはにぎわうようになってきた。古い村の組織や空気がそのままの温泉で、スーパー林道ができればさらに大きく発展するだろうが、この素朴な空気はこわしたくないものである。

しかし、素朴だからといって古いものに固執していたのではなく、新宅旅館で一新講社の看板を見て、古い時代から新しい世界へつながっていたことがわかる。一新講は明治六年に静岡で組織された旅館組合で、組合に加入した旅館は規約を守り、旅人の安心してとまれる宿を経営するとともに、旅館相互に連絡して宿泊の便宜をはかるもので、今日のツーリスト事業の先駆をなすものである。

白骨のように山深い温泉の旅館がこれに参加していたのは面白い。しかも他の資本にあらされることなく、すくすくとのびてきたのも、湯治客と旅館との長い密接な結びつきがあったからであるが、それが次第に観光客相手に重点がおかれはじめている。ここではまだ男女混浴で湯をたのしんでいる。

崖くずれ現場。ブルドーザーただいま到着。0556-29b　1965年7月24日

崖くずれ

桧峠をこえて白骨へいった夜は土砂ぶりの雨になって翌日も昼まで降った。朝やって来るバスで松本へ出たいと思ったが、奈川渡《ながわど》と稲核《いねこき》の間に崖くずれがあって交通杜絶だという。そして、それがちょっとやそっとでは通じそうにない。とまっていた客はやむなくもう一晩とまったが、その翌朝は、途中あるいても車の通るところまで出たいといって宿をたった。

私も、昼まえになって、思いきって四キロあまり下の沢渡《さわんど》まであるいて出てみることにした。両側はきっ立てたような崖で、川水は滔々《とうとう》とたぎち流れている。ところどころにダムをつくって、そこをなだれおちる水はものすごい。近ごろは山中をあるくと、こうした人工滝を見かけることが多い。

さて、沢渡までの間はたいした崖くずれも

人工滝。0556-27b　1965年7月24日

なくて出ることができ、そこから松本へではなく、奈川谷をさかのぼって境峠をこえ、中央線の藪原《やぶはら》へ出るバスのあることを知ってほっとした。

おなじ年の七月、いよいよ本調査のために、今度は仲間といっしょにやって来て白骨にとまった。するとやはり、その晩から大きな雨になって、とうとう一日中降った。こんどは六月のときの雨よりは、はるかに大きい。白骨から沢渡までの間にも崖くずれがあり、梓川峡谷はとくにひどく、上高地には何千というほどの観光客がとじこめられているとラジオは報じていた。

こうなると手も足も出ないのである。三日目になると雨が少し小さくなった。一行のうちの橋本梁司、星川進両君は番所《ばんどころ》の方へ調査にゆく予定だったので、本来ならスクール

流木が道の上まで流れあがり、ひろった人がそのしるしに上に石をのせる。所有権発生習俗。0556-32b　1965年7月24日

バスで沢渡・前川渡を経て番所へゆくはずであったのを（ここの子供たちはスクールバスで番所の小中学校へかよっている）、鈴蘭峠をこえてあるいてゆくことにして、雨の中を出ていった。雨にぬれた急な山道をあるくのは疲れはててしまう。

奈川調査班の私たちも、雨がやむと同時に、あるいて黒川渡の宿まで帰ることにした。

しばらく下ってゆくと、大きな崖くずれがあって完全に道をうずめている。二〇メートルあまりうずまっているのである。さっきまでたえずくずれていたが、やっととまったので、これからブルドーザーを動かそうというところであった。通っても大丈夫だろうとのことで、土木工事の人たちの指示にしたがって、くずれた土砂をこえた。

沢渡まで来ると、梓川の水は、すごい勢い

で流れており、河岸がいたるところでくずれおちているという。とくに前川渡から奈川渡までの間は、道に穴がぬけてだめだとのこと。そこまでは沢渡にいるバスが出るとのことで、しばらく待ってからのせてもらった。そして、それから先はあるくことにした。穴ぬけのさきの臨時のバス停留所のところには、乗客の長い行列がつづいていた。奈川渡まで四キロほどをあるいて、上高地道と奈川道の分岐点まで来ると、奈川の方へゆくバスが来た。稲核から奈川渡までの間にも崖くずれが方々にあったが、この方はどうやら昼までには土砂の排除ができて、さっきの臨時バス停のところまで、バスが上って来るだろうという。

私たちは、奈川ゆきのバスで黒川渡まで帰ることができた。

車の通る道はできても、雨のふるたびにこのような状態がくりかえされてきたのである。ただ車が通れるだけではいけない。雨の日にも風の日にも安全な道でなければならぬ。奈川渡ダムの完成とともに、道もそういう安全な道になってもらいたいものだとしみじみ思った。

崖くずれを防ぐにはまず木を植えること。
0556-32a 1965年7月24日

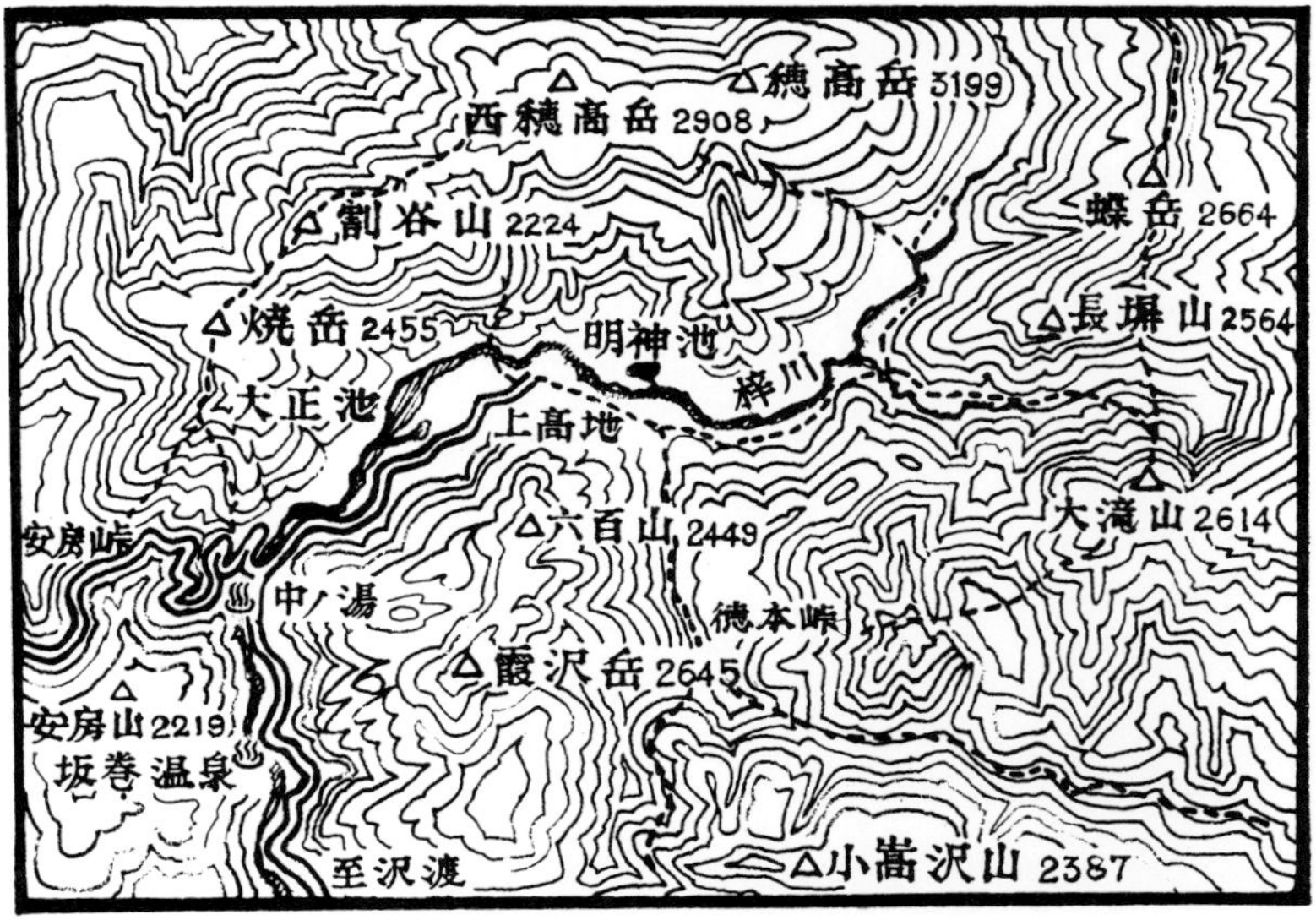

9　梓川・上高地

梓川峡谷

私の旅はもともと風景をたのしんだり、温泉につかったり、いわゆる当世風なものではなかったので、上高地へもほんの少しのぞいて見たにすぎない。それも調査の一環としておとずれたのであった。むろん自然の美しさなどに心をうたれはするのであるが、そのまえに、いろいろなことが心配になってくる。

急な崖を見ると、まず、くずれはしないだろうかと思い、荒れた道をゆくとバスが顚落しないかと思い、山に大きな木がないと、このあたりの人はどうして暮らしをたてているかと思い、梓川峡谷のような深い谷をゆくと、一回や二回やって来るのはよいけれど、この中で生き、ここを毎日通らねばならぬものは、いつも圧迫感になやまされ

奈川渡から奥の梓川はまさに峡谷である。0557-02a　1965年7月24日

両岸はせまり、たぎち流れる。0554-11b　1965年6月22日

るのではないかと思ってみる。そして、そういうのはほんとに美しいというものであろうか、自分たちの日常生活にないものを見て、目先のかわっているのを美しいと思いまちがいしてはいないだろうか、と思ってみたりする。

梓川峡谷もわれわれを圧する重量感をもっているのだが、このような道を一人でポクポクとあるいていたら、早くぬけ出したくなるのではないかと思う。そういう感じの谷である。

もともとこの谷底に道はなく、川は谷いっぱいに流れていた。両側の急崖が完全に交通をはばんでいたのである。したがって、この川の上流にある上高地は、周囲を高い山にとりかこまれて、全くの別天地であり、世間の人たちからは遠い世界であった。

その上高地がひらけてくるようになったのは、梓川の谷に車道ができてからであり、その道も、

岩壁のないところはすべて木立でおおわれる。0554-11a　1965年6月22日

人の通行を目的としたり、上高地を観光地とするためではなく、水力発電工事の資材をはこぶためのものであった。だから全く仮の道であって、今も護岸工事が十分になされておらず、土砂の崩落防止も完全ではない。まして、道に側溝も十分ではないから、水が路面を川のように流れているところもある。

このような道を毎年七〇〜八〇万の人たちが車で通りすぎてゆき、しかも、たいした事故もおこさなかったということは感心していいが、いずれは完全な道を一時も早くつくらねばならないところまできている。

ひとつは、私がこの峡谷を通ったとき、二度とも大雨の前後であったためにこういう感慨をおぼえたので、はれた青空が谷底から見あげられたならば、もっと違った感想をもったかもわからない。そこにはきびしい自然があるのだから。

奈川渡のダム工事飯場。0554-14b　1965年6月22日

発電所

奈川渡から上高地まで一六キロの間、人家のあるのは奈川渡・沢渡・坂巻《さかまき》・中ノ湯であり、沢渡は谷に少しの平地があって空もひろい。奈川渡と沢渡には発電所があり、坂巻と中ノ湯には温泉がある。

いま奈川渡には、新しくできるダムの作業員たちの飯場がならんでいる。この人たちは、ダムができるまでここにいて働く。そして、工事を完成すると、どこかへいってしまう。いま、工事のために安曇村《あづみむら》に入り込んでいる人口は、千人をこえる。稲核《いねこき》は飯場ができてうるおっているが、奈川渡には地元の人がほとんどいないから、うるおうこともない。

安曇村の人口を見ると、戦前にはふえたり減ったりしている。ふえたときは、たいてい水力発電所や道路の工事のあったときであり、それが終ると作業員たちが去るので、地元人口だけになる。

霞沢発電所のダム。0556-34b　　1965年7月24日

それほどそうした工事が多かった。

水力発電所を完成順に見ていくと、

大正一二年　竜島
大正一四年　奈川渡
〃　　　　　大白川
昭和　二年　前川
昭和　三年　霞沢
〃　　　　　湯川
昭和一一年　沢渡
昭和一三年　島々谷

となっている。このうち、霞沢発電所工事がもっとも大規模なものであった。

この発電所の水は、上高地の大正池《たいしょういけ》からひいてきたものである。大正池は大正年間に焼岳が大爆発しておびただしい熔岩を流出し、谷をせきとめたために出現した池であった。この水を沢渡の上の霞沢の上までみちびき、落差四五三・九四メ

霞沢発電所。0556-33a　1965年7月24日

ートルをつけておとし、三万九〇〇〇キロワット出力の、この水系では最大出力の発電所をつくった。おなじとき中ノ湯の下から採水して、霞沢のすぐ上の梓川と湯川との落合に湯川発電所をつくった。その方は落差二二二メートル、出力も六〇〇〇キロワットほどの小さいもので、その二つの発電所の放流水量をせきとめて、沢渡発電所ができるのである。

霞沢・湯川両発電所をつくり、大正池から霞沢まで水をひくための工事資材運搬に、道路工事がすすめられた。全く間にあわせであった。だから、上高地の入口にある釜トンネルなど、バスが一台やっと通れるほどの大きさにすぎず、それが通りぬけるまでは、反対側の口では車が待っていなければならない。

沢渡のバスターミナル。0554-09b　　1965年6月22日

が、この発電所工事によって車道ができ、昭和八年にはついに島々から定期バスが上高地へ乗り入れることになり、上高地は、にわかに発展しはじめるのである。

沢渡

沢渡も、この車道ができたことによって発展したところである。沢渡はさきにも書いたが、大野川の人たちが、桧峠をこえて出作りに来たところである。川のほとりに平地があり、そこをひらいてソバ・キビなどをつくった。

それが、発電所工事がおこって飯場がつくられ、にわかに活気を呈してきた。昭和初期にはブルドーザーやパワーショベルはなかったから、工事はほとんど人力によった。だから、道路づくりにも発電所づくりにも多くの人手を必要とし、安曇村の人口は四四〇〇人をこえて、昭和四〇年のピークよりも、さらに高い。おそらく一五〇〇人以上の人がこの谷に入り込んだのであろうが、その仲

中ノ湯の野天風呂。0556-25a　1965年7月22日

間のもっとも多くいたのが沢渡であった。

さて車道ができ、発電所ができて人が去っても、白骨へゆく人は沢渡でバスをおりて歩かねばならなかったので、自然に人の足がとまり、店屋もでき、また発電所につとめる人たちの家もあって、繁華な集落が生れた。いま、白骨までは車道もできているが、バスのターミナルとして、ここで乗降する人は多い。

中ノ湯

いまひとつ、車道ができたことによって、峡谷の中でかわってきたのは、中ノ湯である。中ノ湯は、川のほとりに湯がふき出て、白骨よりはもっとせまくるしい野天風呂の温泉であった。川の両岸の山がせまって、平地らしい平地はほとんどなく、温泉がなければ問題にならないであろうが、温泉があったためか、神通川・高原川をさかのぼった昔の鎌倉往還が、焼岳の北の中尾峠をこえて下りてくるのがここであった。

砂防トンネルとその上にくずれおちた土。0554-12a　1965年6月22日

また、寛政年間（一七八九～一八〇一）に閉鎖せられたという飛驒道―安房峠越えも、ここからわかれて急坂をのぼっていったのである。

ところが、梓川谷に車道ができると、ここから安房峠をこえて、飛驒の平湯《ひらゆ》へつなぐ車道の工事がはじまった。これもまた、たいへんな難工事であった。それは非常な急傾斜に一一のヘヤピンをつくり、安房峠へのぼった。

が、これによってはじめて、長野県と岐阜県高山地方は、車によって往来することができるようになった。そしてこの道は国道（国道一五八号）として指定せられたのである。

奈川村黒川渡を起点とするスーパー林道（パイロット林道ともいう）は、白骨から梓川右岸中腹を中ノ湯でこの国道につながるのであるから、ある意味で昔の飛驒道の復活である。

そしてまた、富東高速度道路ができるとすれば、

大雨のあと。道はこわれ崖はくずれる。0557-02b
1965年7月24日

ここから平湯へ向ってトンネルがぬかれるはずである。

だが、この自然の克服には絶大な努力が必要であろう。

自然と人との戦い

そのはじめ、ごく無雑作に、間にあわせに道をつくったということが、梓川の谷にたえ間ない災害をおこさせる原因になったと思われるのであるが、実は、問題はここだけではなく、僻地には共通しておこってくる現象で、さきに『私の日本地図1　天竜川に沿って』の中でもふれてきたが、道路を開発しても、その維持補修が平地地方よりは、はるかに困難で経費もかかる。それを計算に入れなければ、僻地の開発は成功がおぼつかない。

私は二度おとずれたこの谷で二度とも交通杜絶にあって、特にその感をふかくしたのであろうが、そのまえの年にも豪雨のために水害があって、何千という観光客が上高地にとじこめられ、食料不

路肩くずれの補修工事。0557-!!Sb　1965年7月24日

足を訴えた新聞記事を見たことがあった。おそらく、そういうときでも元気な者は徒歩で徳本《とくごう》峠をこえて島々へ出ていったに違いない。また、上高地へ来るような人たちにはそうした元気のいいものが多く、したがって、新聞種にもなることが少ないのであろうが、私はこころみに昭和四〇年（一九六五）七月の水害の写真をのせてみた。

前ページのものは道路が流水にさらわれ、さらに崖くずれの様を示したもの。道路に流木がゴロゴロしていたから、増水時には道も川になっていたのであろうが、路面が低く、その上、護岸工事らしいものがない。崖くずれに対しては、砂防トンネルのつくられているところ（185ページ写真）もあるが、まれである。とにかく、護岸工事が一般に粗末であり、応急処置をしたところがそのまま使用されているところも少なくなかった。それが相つい

ポッカリと穴のあいた道。0557-01a　1965年7月24日

で災害をよびおこしてゆくようである。

観光地対策

梓川のような峡谷は、あるいは、この悪い道の方が野趣があってよいのかもわからない。いっぽう、観光地化することによって自然の景観のあれることをなげく声もきく。が、何よりも災害のないのがよい。

さらに、日本には、いわゆる観光地の数が少ないのではないかと思う。日本でいう観光地とは、単に景色のよいところではない。車かりっぱな客船でゆけるところである。どんなに景色がよくても車が通わねば、国鉄もバスもツーリストも宣伝しない。その人たちにとって金になるところが、観光地なのである。そしてその数が限られているから、そこへ人が密集する。

もっともっと僻地に道をつくって、観光地を分散させることではないかと思う。梓川の谷をあるいていて、しみじみそう思った。

バスを待つ観光客は延々とつづいていた。0556-35b　1965年7月24日

単に山歩きだけからみれば、南アルプスだって面白いのだが、そこへのぼるまでの道がわるい。よい道ができて、山梨からも、静岡からも、長野からも、それぞれ麓まで車でいってのぼれるようになれば、登山者の数もふえよう。そういう山は少なくない。山にかぎらず、沢歩きだっておなじである。

日本という国の隅々まで気軽に出かけていって、時にはテクテク歩ける道をつくっておいて、その風土に接する機会をできるだけ多くつくるようにすることで、もっと日本を知り、愛し、時にはそこに家をたてて住もうとする人もふえてくるようになるのではなかろうか。

都市に人が密集すればするほど、その人たちが自然の中へとけこんでいく機会をつくりたいものである。そんなことを思いながら私は災害のひどい道をあるいたのである。

上高地入口のダムよりおちる滝。0556-24a
1965年7月22日

かせぎ場上高地

私たちが上高地へいったときは雨がふっていた。

「猿岩のトンネルをぬけて、いきなり眼のまえにあらわれる赤茶けた焼岳の姿はすばらしい」と、山のすきな息子にいつもいわれていたのだが、その焼岳はそぼ降る雨の中にしっとりぬれてかすんで立っていた。きびしい山容であるが、私が感動をおぼえたのは、あのけわしい山の頂近くを単なる登山のためでなく、往来のための昔の鎌倉往還が通っているという事実であった。その道は何百年、あるいは何千年以前からあったものかもわからない。

あの高いけわしいところを、生活のために、重い荷を背負った人たちが何人も何人もこえていったのだ。

世間の人たちが登山だの何だのとさわぎはじめる前に、民衆はだまって、そうした山をのぼり下

大正池。0556-22b　1965年7月22日

りしていたのである。

山へのぼるのは「山がそこにあるからだ」といったが、旅する者にとって、山がどれほど高くても、それを避けることはできなかった。

上高地もまた、周囲を高い山にとりかこまれておりながら、山の外側の村の人たちにとっては、よいかせぎ場であった。

島々の人たちは徳本峠をこえて、大野川の人たちは昔の鎌倉往還を中ノ湯へ出てこの谷に来た。また、松本平の小倉《おぐら》の人たちも、大滝山をこえてここに出作りに来ていた。これは天保三年（一八三二）に松本と高山を結ぶ小倉新道ができてからのことらしい。大滝山から下って来た徳沢のあたりに出作小屋を建てて、畑をひらいて夏ソバ・ヒエなどをつくり、冬になるとひきあげていった。その人数は多くなかったようだが、そういう所での耕作には年貢がかからなかったので、不便で労

水ゆたかな梓川。上高地。0556-21a　1965年7月22日

苦が多くてもやって来たのである。

島々の人たちは、ここへ薪や板子をとりに来た。村のまわりの地山を伐りつくしてしまってから、徳本峠をこえて、この谷へ来るようになった。そこは原始林でおおわれていた。そこで適当な木を伐りたおして、木ジルシをつけて梓川に流しておくと、木は流れ流れて島々までやってくる。それをひろいあげて処理した。島々の人たちのかせぎ場は明神池のあたりが主であった。

大野川の人たちも杣《そま》かせぎを主とした。何といっても、安房道は寛政年間に廃道になってから後、くずれてしまって、岩場を鎖でわたってゆかなければならないような所があったから、荷物の運搬は大してできなかった。島々とおなじように薪や板子を伐って梓川に流したのである。かせぎ場は、今の大正池から河童《かっぱ》橋のあたりまでであった。

梓川という川は水量がゆたかであったから、材木を流すのには都合がよかった。だから往来には不便でもやって来たのである。

観光地へ

この地方に生きる人びとにとって、上高地はおよそ不便なところであった。しかしそこに平地があり、大木が茂っていたからかせぎに来たので、風景など問題ではなかった。ところが、ウエストンのような登山家によって、風景としての評価がなされたことによって、生活をたてるためでなく、この風景にしたしみ、山にのぼろうとする人たちがここを訪れるようになったのは、何といっても大きな変化であった。その野性的で荒々しい風景は、利害をこえてこれを見る人の心をうった。そして、そこに山があるからのぼるようになったのである。

ただし、私たちのいったとき、穂高《ほたか》のいただきは雲におおわれて見えなかった。が、まだ何ほども人工の加わっていない自然と、自然の持つ秩

穂高にかかる雲。0556-18b　1965年7月22日

旅館も山荘風に。0556-20a　1965年7月22日

序の美しさには心をうたれた。人もそれほど多くはいなかった。キャンプに来たのでもなく、また登山に来たのでもないので、河童橋までいって、そのあたりを見て引きかえすことにした。まことに味気ない観光客である。観光客というよりも、私たちにとっては単なる視察であった。ホテルや旅館や土産物店のあり方や、観光客の支度や観光地としての自然との対応の仕方がほんの少しでもわかればよい。

長い時間をかけるのではないから、それ以上のことはのぞめない。観光調査の機会でもあれば、またゆっくり来るであろう。

それについて、私自身には、いろいろの課題がある。

上高地は行政的には安曇村なのだが、安曇村としては全く異質の世界である。安曇村の人で、ここで旅館や店をいとなんでいるものは一人もいな

泊ってみたいたたずまい。0556-17a　1965年7月22日

いということであった。松本と東京の人が主である。それが垢ぬけのしたいろいろの施設をさせたのでもあろう。しかも、瀟洒《しょうしゃ》な建物が木立の間に点在するのはいいものである。国有地であるが故に、そういうことへの配慮もあるのであろう。

ただ、外見と内容はかならずしも一致してはいないようで、ここでは観光を通じて人と人との結びつきのおこってくることは少ないであろう。と同時に、安曇村自身は、この観光地からうける恩恵はほとんどない。

観光客が五〇万来ようが一〇〇万来ようが、それは別世界のことである。村にとっては植民地であるにすぎない。観光客がどれほど来ようが、村人には無縁にひとしい。これは観光開発を口にする地方の人たちのいちばん考えてみなければならない重要な問題であった。番所と比較して考えさせられることであった。

境峠への道。奈川村寄合渡。0556-!Sa　1965年7月22日

10　境峠から藪原へ

木曾街道

国土地理院五万分の一地形図を見ていると、奈川谷には野麦街道と書いてあるけれども、その道をたどって野麦峠をこえた西側には木曾街道と書いてある。飛騨側の人はこの道を木曾街道といっていたことがわかる。

すなわち、野麦をこえる道は、もともとは松本へ出る道ではなく、木曾谷へ出る道であったのだ。そして、それがもともと重要な道の一つであったことは、この道にそって水準点のおかれていることでわかる。水準点はだいたい二キロメートルごとにおかれているものであるが、木曾谷の藪原《やぶはら》からわかれて木祖《きそ》村《むら》を通り、境峠《さかいとうげ》をこえて寄合渡に下り、そこから西に向って野麦峠にいたり、野麦・寺坂峠・黍生《きびう》などを経て、高山にいたっている。いわゆる昔の鎌倉往還である。

街道ということばは新しい。一般に用いられはじめたのは幕末になってからで、それまでは、カイドウといえば東海道のことであり、海道下りといえば、京都からこの道を東の方へゆくことであった。それ以外の道は、江戸時代には道中・道・路などが、用いられていた。甲州道中・日光道中・奥州道中・長崎道・松前道・中国路・伊勢路などがこれであるが、人通りの多い道を街道とよんだことは「五街道細見」などという言葉のあることからもわかるが、固有名詞の下につけられることは少なかった。それが固有名詞の下につけて一般につかわれるようになったのは明治になってからで、野麦街道・木曾街道なども、最近の呼称である。

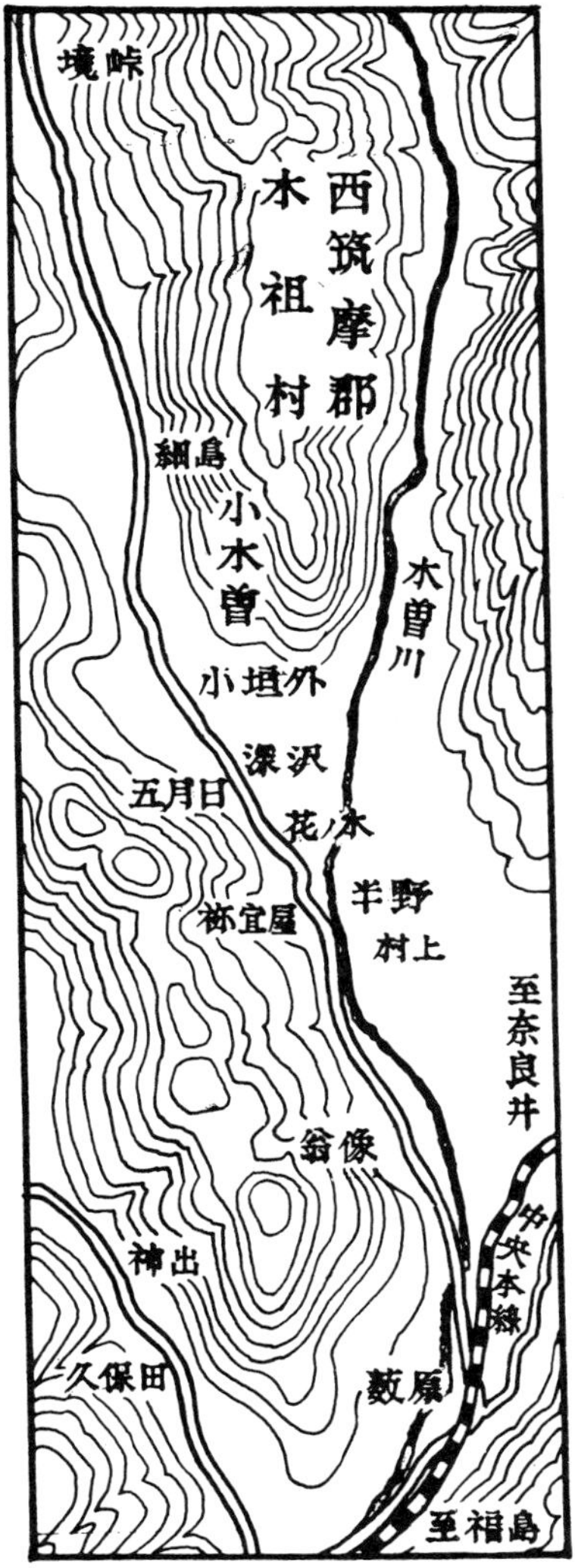

中世以前には往還とよんでいた。鎌倉往還なども、いま鎌倉街道などといっているが、大野川の古老や寄合渡の古老は、あきらかに鎌倉往還といっていた。

伊豆の大仁《おおひと》から下田《しもだ》にいたる道は、いま下田街道といっているが、もとはやはり鎌倉往還とよばれていたと、道のほとりの法華寺の僧からきいたことがある。そして、その往還ということばは、明治の終り頃までは方言として各地にのこっており、街道の並木松を往還松とよんでいる人たちに中国路ではよく出あうのである。

さて、境峠をこえる道も古い往還の一つであり、明治になるとこの道が郵便の逓送《ていそう》路になった。高山から木曾谷への郵便物はすべてこの道をこえた。寄合渡に郵便局があり、そこの逓送夫が郵便

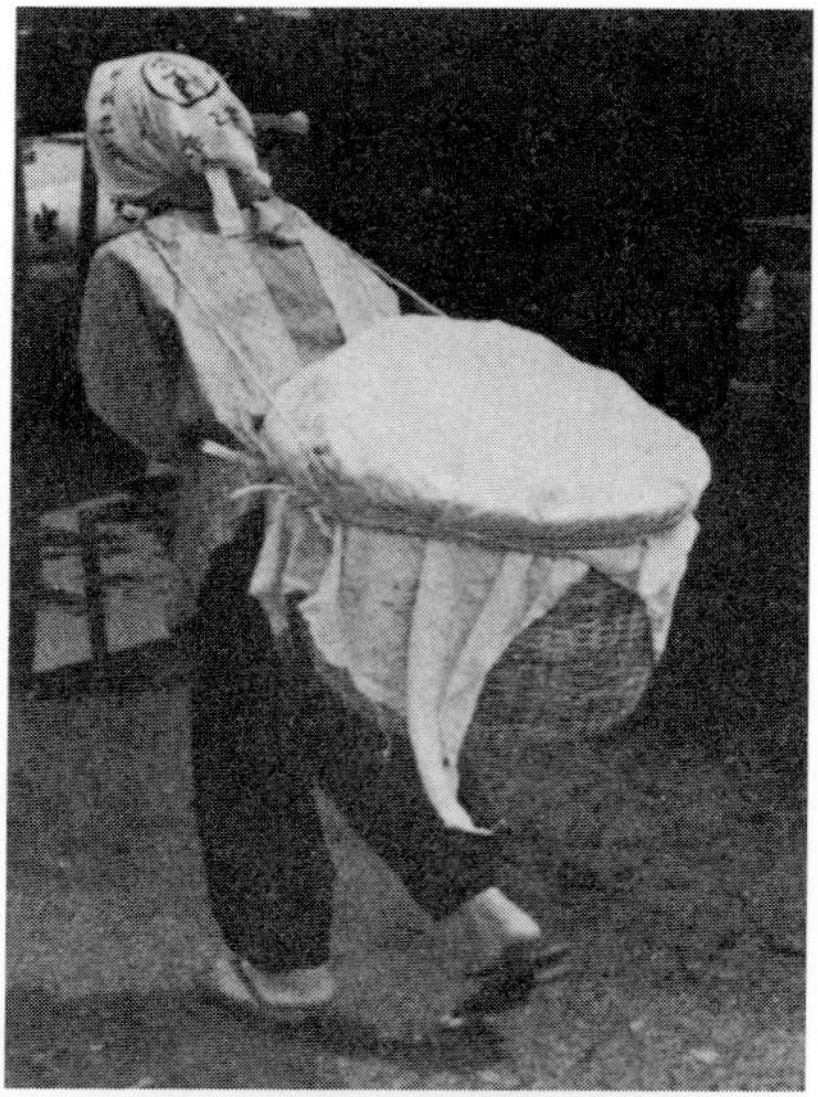

（上）桑の葉を運ぶ。寄合渡。
（下）肥料を運ぶ。寄合渡。
1965年7月22日か　写真 神保教子

物を持って野麦峠の上までゆき、高山の方から来た逓送夫の荷と交換して戻って来る。そして寄合渡から境峠をこえて木祖村まで持っていった。

この逓送はたいへんな仕事であった。冬になると野麦峠は雪でうずもれてしまうが、それでも急坂をのぼらなければならない。一人ではのぼれないので、雪踏み人足を川浦で四、五人もやとってのぼることもあった。また、冬、正月まえになると、正月休みで諏訪の製糸工場から飛騨へかえる女工たちと、雪をこぎながらのぼっていったこともあるという。

境峠の方は雪は少なかったが、クマがよく出たから鉄砲をもってゆかなければならなかった。クマはいつ出て来るかわからなかった。郵便物をショイコにつけ、ハバキをまき、草鞋をはき、猟銃を持った姿はいかにものものしかったというが、この逓送は、寄合渡から奈川の谷を松本へ車道のできるまでつづき、松本への道ができると、車で松本へ逓送されるようになり、郵便局も黒川渡に移されて、境峠をこえるものは急に少なくなってきた。

しかし、境峠の一帯は国有林であったから、藪原から峠の北側あたりまで森林軌道が通じて、この山中の伐採がすすめられ、その軌道は大東亜戦争の終る頃までは通じていて、藪原の方へゆく人は、峠の上で軌道車の来るのをまってのせてもらうこともあった。しかし、その軌道がはずされてからは、峠を南へ下った木祖村までは、長い間あるくよりほかに方法がなくて、奈川谷と木曾谷とは縁のうすいものになっていった。

その境峠へ最近また車道がついた。今度は木材をトラックで運び出すための道であったが、その

境峠の頂上近くなると木が茂ってくる。0554-23b　1965年6月22日

道をバスも利用することになった。そして、名古屋や関西地方から上高地を志す客は藪原で下車して、境峠－寄合渡－奈川渡－沢渡－上高地のコースをとるものが多くなり、上高地への観光客の五分の一は境峠をこえるにいたった。しかも白骨温泉は名古屋方面の客が多かったから、松本経由で来るよりも、藪原から来る方が時間も距離も短縮することができるので、道をもう少し広く改修すれば利用度はずっと高くなる。

境峠　私がはじめて、奈川谷・白骨などをおとずれたとき、雨のための崖くずれで、松本の方への道をふさがれて、境峠をこえて藪原へ出たことはさきに書いた。

境峠の道は奈川谷の寄合渡からわかれて南へ向う。この谷は梓川峡谷のようなきびしさは全く見られない。ゆるやかな坂道をひたす

峠の北側頂上近くの自然林。0554-25a　1965年6月22日

らのぼってゆく。谷の両側の傾斜はゆるやかで、空もひろい。

バスの客には百姓が五、六人も乗っていたが途中でおりた。道の左側の緩傾斜がすっかり水田にひらかれていて、そこへ仕事をしにいく人たちである。ちかごろ、山中や人家の少ない地方をあるいていると、バスで耕地へかよう百姓が多くなってきたのが目につく。

峠の頂上近くまで来ると、まだトウヒやモミなどの原始林が目につく。中にはずいぶん大きい木がある。大きな木の茂っている山は壮大悠久な感じがする。しかし、そういうところはめっきり少なくなってきた。

奈川村の役場で航空測量の写真を見せてもらったが、原始林地帯はもう何ほどものこっていない。民有林にはほとんどのこっていない。国有林も山頂近くにわずかずつのこって

境峠の上。0554-25b　　1965年6月22日

いるにすぎない。そしてそれが姿を消していくのも、時間の問題であろう。

境峠の上は平凡である。木は伐られて空はあかるい。いや、峠から南側は、それこそ一木もあまさず原始林がみな伐られているのである。その伐り株が骸骨のように全山を掩うている。伐り株から見て最近のものである。雑草はまだ茂りはじめていない。おそらく、このようにしてこのあたりの山は次つぎに伐られていったのであろうが、この木を伐るために、私の通っている道もつくられたのであろう。

いま木の伐られている境峠の南側は、奈川谷にくらべて雨量がずっと多くなる。そして境峠は一四八六メートルで比較的低い。そこで、境峠から南側の山の斜面に、横に溝を切って、山頂からおちてくる水をうけて境峠に

峠を南側へこえると木は伐られて伐株が骸骨のようだ。0554-27b
1965年6月22日

みちびき、そこから奈川谷へおとす計画を、天保一〇年（一八三九）にたてたことがある。これはずいぶん思いきった計画であったと思う。このようにして奈川の水量をふやし松本平で新田をひらく水にあて、また、冬期、木材流送を有利にしようと計画したものであった。松本の町人が考えついたことであったが、一見突飛に見えつつひどく合理的である。

この計画といい、松本から大滝山・上高地・安房峠をこえて高山にいたる小倉新道の計画といい、山中に住む人たちの思いきった計画と、きびしい自然と対決しようとした姿はりっぱであるというべきであろう。

決して山の民は眠っていたのではない。何かをなさねばならぬと常に考えていた。しかもそれをはばんだのは、きびしい自然よりも、行政的な藩領と藩領の境の間に、目には見え

まだ若い白樺の林は清純で美しい。0554-28b　1965年6月22日

ないけれども、厚く高く立ちはだかっている壁であった。そして、この分水計画は実現しなかったようである。

木曾谷へ　峠を南へこえると、しばらくは木立がないので眺望はひろい。木曾川の谷が木々にうずもれてはるかに遠く南へのび、その東をかぎって木曾山脈が高くつらなっている。峠の上からは民家も畑も見えぬ。寂然とした自然がそこにある。

しかし、しばらく下っていくと若木の林の中へはいっていく。いちど伐られてそのあとへ茂った木で、白樺が多い。植林したものであろう。白い幹が印象的である。

林の中には粗末な小屋がいくつもある。キャンプ場になっている。真夏には、こうしたところへキャンプに来る人たちも多いのであろう。今は戸をとじてひっそりしている。こ

谷へ下ると道にならんだハサがつづく。それがひとつの風景をつくる。
0554-23a　1965年6月22日

のあたりは雪もまたかなりつもるようで、スキー場の角柱もたっていた。奈川谷の寄合渡付近は、雪が少なくてスキーはできないとのことであったが、このあたりはよいスロープもあるし、これからだんだん人も来るようになると予想される。

白樺の林のつきるあたりから急傾斜になって、まがりくねった道を下ってゆくと、谷の底へおりる。谷の底といっても明るい。そして水田がひらけてくる。土質が花崗岩の崩壊土なので、水田をつくるには適している。それに、北側に高い山を背負い南をうけている。ここまで来ると、何だか山の中からぬけ出て来たような気がする。

そして目につくのは、道にそってたてられたハサである。

このようなハサは、寄合渡から境峠へのぼ

刈草のニオ。木祖村。0554-31a　1965年6月22日

っていく途中にも見られたのであるが、木祖村の方はもっと見事である。そして、寄合渡のものは木祖の方からはいってきたような気がする。杭《くい》をすこし斜めに立て、それに横木をくりつけており、藁をかけたり、薪の束をさしこんで乾してあるのも見かけた。

ハサは、収穫物を乾すには実に便利なものであるが、その分布については、いろいろのことが考えられる。

九州ではほとんど見かけなくなる。瀬戸内海地方も少ない。しかし、四国山地、中国山地、近畿山地、中部山地にはひろく分布し、それが常設されている。北陸地方では立木を利用してハサをつくることが多く、これは稲の収穫期以外はといて、田の畔や、道ばたに積み、雨おおいをかけている。東北地方の太平洋側はハサは少なくなる。

こういう分布は、いったい何によるものであろ

家の側面はポスターの貼場。0554-32b　　1965年6月22日

うか。昔は摂津平野でも有馬から大阪までの間、立木を利用したハサが両側にならんで、秋にはトンネルの中をあるくようであったという。しかし、大阪平野にはそのような景観はきえている。

　現在の状況が昔のままの延長ではない。薪や草の積み方にしても、棒杭をたててそれを芯にして円筒形に積むものもあれば、束《たば》を横に積みかさねてゆくものもある。名称も土地によって違う。そしてそれも、やはり時代の変遷につれて少しずつかわっていく。

　だが、一つの様式が持ちつたえられていくには、何らかの原因があり、理由があるはずである。そのことについてはおいおい考えてみたい。

　木祖村へおりて来ると、土壁の家が目についた。ここまで来ると土壁の家が多くなる。昔は、木曽は板壁であったという。いつごろからこうなったのであろうか。

木曾川の源近く。木祖村。0554-34a　1965年6月22日

もう一つ面白く思ったのは、家の側面にベタベタとポスターのはってあることであった。近頃、自動車がふえた。自動車にのって見る人たちの眼につきやすくするには、道路とは直角に広告をはるのがいちばんよい。明治から大正の初め頃までもそうした看板が多かったが、それらは道の上にのり出していた。それが交通妨害になるというので、家の正面に、道に面してかかげられるようになった。そしてそれは今もかわりがない。

それとは別に、道に直角な面が広告場所に利用されはじめた。この家の側面にもずっと古い太田胃酸やわかもとから、東京オリンピック、政治家の政見発表ポスター、お酒の広告まではられてある。近頃こういうことがおこったのを物語っているのは、古いポスターをはがしとったらしいあとが、そんなに多くないことでわかる。

こうした山中の村でも、このように、広告の場

藪原には宿場町のおもかげがのこる。0555-03a　1965年6月22日

所にその時代の色を反映しているのである。と同時に、広告も、自動車で通りすぎるのを目標にした、一見してそれとわかるものが、これから多くなるであろう。

藪原

道がせまい谷を出て来ると、水のゆたかな川のほとりに出る。木曾川の上流である。ここから木曾谷を南へ流れて濃尾平野を横切り、伊勢湾にそそぐ。この川にそってしばらくゆき、川をわたると藪原《やぶはら》の町に入る。中仙道（中山道）の宿場の一つである。

木曾谷には一一の宿場がある。南の入口の馬籠《まごめ》からはじまって、妻籠《つまご》・三留野《みどの》（三富野）・野《の》尻《じり》・須原《すわら》・上松《あげまつ》・福島《ふくしま》・宮《みや》ノ越《こし》・藪原・奈良井《ならい》・贄川《にえかわ》とつづく。この谷の風物については、島崎藤村の『夜明け前』がくわしい。『夜明け前』は馬籠を舞台にして書かれたものである。

木曾の谷は、両側の山がせまって平地らしい平

階下は改造、二階はそのままの町家。0555-02a
1965年6月22日

地もない渓谷で、ここを街道が通らねば、もっとさびしいところであっただろう。日本の街道の中でも、こんなに長いあいだ渓谷の中を通らねばならぬところはない。

　しかも、木曾の谷は藪原の北の鳥居峠を境にして、木曾川流域と、奈良井流域の二つにわかれる。木曾川の水は南に流れ、奈良井川の水は北に流れ、松本の西で梓川と合して犀川《さいかわ》となり、さらに、長野の東で千曲川《ちくまがわ》と合して信濃川になるのである。したがって、奈良井と贄川の宿は、日本海斜面にあることになる。が、細い谷底にあるということでは、木曾川ぞいの宿とかわるところがなかった。

　谷間の村は、田や畑をつくろうにもその土地を十分もとめることができないから、旅人相手の商売や山林を相手の職業にしたがって、細ぼそとした生活をたてていた。

屋根が板葺からトタン葺になる。0555-!Sb
1965年6月22日

藪原の宿もその例にもれず、嘉永年中（一八四八〜五四）に戸数三一一軒もあり、これが中仙道をはさんで長く南北につらなる町を形づくっていた。いまもそのおもかげをとどめている家が多い。街道にそった家はいずれも二階屋であるが、階下の方は改造されてガラス障子がたっている。しかし二階は縁があり、手すりがあり、紙障子の昔のままの家を少なからず見かける。もとは宿屋をしていたものだという。

それで思い出すのは、白骨温泉の新宅旅館にある一番古い建物が、この様式とおなじものであることである〔170ページ上の写真参照〕。街道筋の宿屋建築の手法によってたてられたものであることがわかる。

これらの家の二階の両側に袖壁《そでかべ》のついたものがある。これは火事を防ぐためのものであった。火事の火は軒下をよ

いまはめずらしい商人宿の看板。0555-!!Sb　1965年6月22日

くはしる。そこに区切があれば、しばらくの間でもくいとめることができる。207ページの写真の民家にもそれがついているのは、やはり、宿場町家の建築の影響をうけたものであろう。

木工と杣

さて藪原は、三一一軒のうち旅籠《はたご》一三戸、茶屋八戸、馬宿一戸があった。宿場としては規模の大きいものではなかったが、お六櫛《ろくぐし》という木櫛をつくる家が一八五戸もあり、これを商売する店が二一戸あった。全く櫛の町といってよかった。

ツゲの木を素材にしてつくったもので、今日のように合成樹脂の櫛の出現しない以前にはひろい販路をもち活気を呈していたが、戦後の化学製品に圧倒されて、いまはほとんど見るかげもなくなってしまった。

しかし、櫛はつくらなくなっても木工がすたれたわけではない。家の裏側の細道をあるいて見る

裏通りをあるくと材木がいっぱい。0555-04b　1965年6月22日

と、そこには家具の材料にする製材がたてならべられているのである。

木がそこにあるのである。一つのものがダメになれば次のものを見つけていく。福島のように、バイオリンの製造にきりかえて成功している町もある。

興をおぼえるのは、一つひとつの宿場の、主幹職業がちがっていることである。宮ノ越は大工・木挽・杣・桶屋などが多かったし、奈良井は桧物師（いわゆるガワ師である）や塗物師が多かった。今は奈良井の北の平沢《ひらさわ》が中心になっている。また福島のように、馬方の多く住んでいる町もあった。全般としては、木工・杣などにしたがうものが多かった。

宿場というのは、旅人を相手にして商業や手職をいとなむ者の住んでいるところであり、そこには、本陣《ほんじん》（たいてい庄屋が営んでいる）・問屋《といや》・

古い道は人かげもない。中仙道。0555-05a　　1965年6月22日

年寄《としより》・伝馬役《てんまやく》・定歩行役《じょうほこうやく》・水役《みずやく》・七里役《しちりやく》などの役職の者がいて自治組織をつくっていたが、この中には百姓は含まれなかった。

おなじ宿場の町つづきに住んでいても、百姓たちの住むところは在郷とよび、在郷には在郷でまた庄屋が別にいた。そしてこの庄屋は、梓川流域の山村とおなじく、藩の命にしたがって百姓たちを督励して杣仕事もしていたものであった。

もとより藩の仕事ばかりでなく、自分たちの生計をたてるための立木伐採や木挽・筏流しなどの作業が主であったわけだが、明治に入ると、この人たちは木曾谷だけでなく、その外の地方へも杣仕事の出稼ぎにゆくようになった。そして、木曾でおこなっていたとおなじような杣組織によって作業にしたがったのである。

杣の庄屋制度とよばれるものがこれで、親方を庄屋とよび、庄屋が山林地主や営林署などと交渉

藪原駅の待合所の陳列棚にツゲ櫛がほこりをかぶっていた。0554-37a
1965年6月22日

して仕事をひきうけ、現場にいって杣小屋をつくり、伐採にしたがうわけだが、それぞれ、先山・後山と仕事の分担をきめて作業をすすめていく。しかし、労賃は庄屋を除いては平等に分けるのが普通であった。これは山村における親方以外の家の財産均分制と関係あるものだと思うが、それらについてまだ本格的な追究は私自身もしていないし、他の人びとの業績についてもきいていない。

交通の変遷

東山道はその昔、木曾谷の入口から神坂《みさか》峠をこえて伊那谷に下ったのであったが、この道はけわしく危険も多かったので、大宝二年（七〇二）、木曾路がひらかれることになって工事がおこされ、和銅六年（七一三）に完成を見ている。この方は急坂は少なかったが、河岸の断崖の上に桟橋をかけたところが少なくなかった。

が、江戸時代に入ると、この道が中仙道（中山道）として参勤交代の通路にあてられることになった。そして、大名ばかりでなく武士の往来もふえたし、京都から日光へ参拝する例幣使《れいへいし》もこの道を通ることになったのである。東海道にくらべて山坂も多く、旅する者にとっては、かならずしも愉快な道とはいえなかったが、東海道に見られるような宿場宿場の飯盛女《めしもりおんな》のわずらわしさも少なく、旅をたのしむものには、この道にもすてがたい味があり、江戸づめだった西国の武士たちが、故国へかえる途中を、この道をあるいているものが多い。

また西国三十三カ所巡拝の人たちも、その三十三番目の札所は美濃（岐阜県）の谷汲華厳寺《たにぐみけごんじ》であったが、そこから信濃（長野）の善光寺《ぜんこうじ》へ参って納めにするのが普通で、その人たちもみな、木曽谷を通ったのである。だから、みどり深い谷底の一本道ではあったが往来は意外なほど多く、したがって、宿場宿場の宿屋の数も多かった。

ただ困ったことに、谷がせまくて宿場の近くに農村の数が少なかった。すると大名の通過するとき、臨時の人夫を徴発するのに苦労した。街道にそってそういう人夫徴発を割りあてられた村がある。これを助郷《すけごう》といい、人手の足らぬときは臨時に助郷をたのむこともあった。これを加助郷《かすけごう》とか増助郷《ましすけごう》といったが、木曽谷の場合は、木曽山脈を東へこえた伊那谷にたのまねばならぬことが多かった。伊那谷の百姓こそ迷惑のかぎりであった。どんないそがしいときでも、その仕事を休んで、高い峠路をこえて、木曽まで出かけなければならなかった。大きな行列の通過するときは、天竜川東岸の農村の者まで狩り出され、その帰途、天竜川で渡船がくつがえって多くの死者を出したよう

煙をはいて汽車が来た。乗る人も山働きの人が多い。**0555-08b** 1965年6月22日

な事件もあった。

だから、明治になって助郷の制度の廃止されたとき、木曽谷・伊那谷の農民たちはほんとに安堵の息をついたのである。

やがてこの谷を汽車がはしるようになる。そしてもとの宿場にはそれぞれ停車場がもうけられ、もう、街道をあるくものは、ほとんどなくなった。また、山地から伐り出される材木は駅の広場にうず高く積まれ、汽車によって各地に輸送されるようになった。筏流しもなくなった。

さらにいままた、中仙道は改修され、アスファルト道になって、自動車の往来も多くなってきた。思えば大きな変化であったが、そこに住む人たちは、その変化に対応しつつ生きつづけたものが多く、宿場は昔のおもかげをとどめているものが少なくない。藪原や奈良井はとくに古い姿をのこしている。

小野付近から辰野（南）の方を見る。0557-24a　　1965年7月27日

11　松本付近

小野のふるさと

伊那の谷は、辰野《たつの》から東北へ曲って諏訪湖に達するものと、まっすぐに北へのびて善知鳥《うとう》峠という低い峠をこえて松本平にいたる谷とがある。いま中央線は諏訪から辰野まで南下して、そこから北に向い、善知鳥トンネルをぬけて塩尻に下っている。

中仙道は、諏訪から西へゆき、塩尻峠をこえて塩尻に下り、洗馬《せば》・本山《もとやま》を経て、木曾谷に入るのである。

善知鳥峠を南へこえたところに、小野《おの》という大きな集落がある。五万分の一の地形図を見るたびに気になることが一つあるのだが、まだ下車してしらべたこともなく、郡誌などにあたってみたこともない。

小野付近の民家。ここにも土蔵に紋がある。0557-23b　1965 年 7 月 27 日

実は、小野という集落は、その真中を東西に東筑摩郡と上伊那郡の郡境が通っていて、南半は上伊那郡小野村（現在辰《たつ》野《の》町《まち》）、北半は東筑摩郡筑《ちく》摩《ま》地《ち》村《むら》（塩尻市）になっている。一つの村を二つに割らなければならないほど不幸なことはない。たとえ藩政時代にそうであっても、明治以降に、これを一つにする方法と努力はなされてよかったはずである。しかも、二つに割られながらも軒をつらねて住まねばならぬ理由もあるはずである。

この村は、それ以外のことで、たずねてみたい理由がある。天明三年（一七八三）春、郷里三河（愛知県）を出た菅《すが》江《え》真《ま》澄《すみ》が伊那谷をさかのぼっ

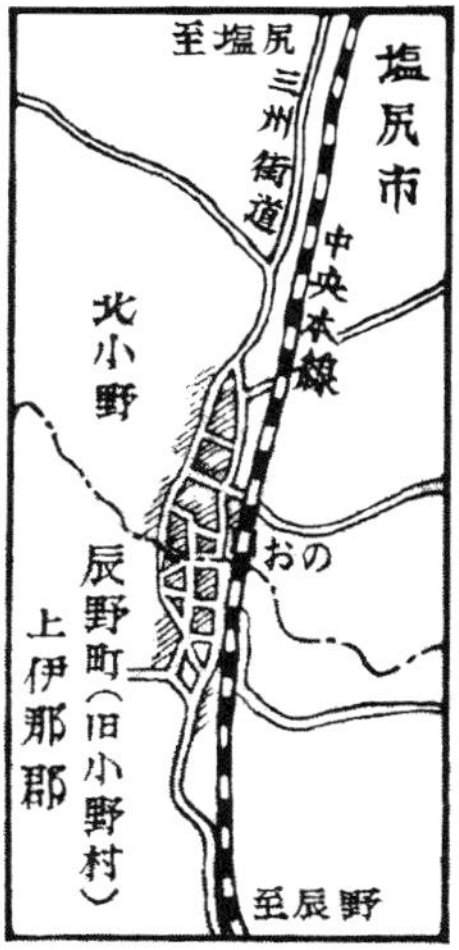

土蔵の紋。小野付近。0557-25a　1965年7月27日

て、しばらく足をとどめていたのがこの里で、『小野のふるさと』という紀行文をのこしている。

菅江真澄は国学者であり歌人であり、若いときから旅をこのみ、天明三年以前にも、東は江戸から西は京都までの間を実によくあるいていた。

それがこの年、郷里をたってから、小野・本洗《もとせ》馬《ば》・諏訪・松本あたりの風流の士をたずねて往来し、四年には信濃をたって北陸路を秋田に入り、さらに北海道にわたろうとして青森までいったが、天明の飢饉の陰惨な中をあるくにたえず、引きかえして、陸中（岩手県）を経て松島あたりまで南下して、そこで二、三年をすごし、ふたたび北へ向って津軽半島の三厩《みんまや》にいたって北海道へわたっている。

北海道は、西は海岸づたいに太田まで、東もおなじく海岸づたいに有珠岳《うすだけ》まであるき、アイヌの生活などもつぶさに見て記録している。

善知鳥トンネルを出てはるかに塩尻宿を見る。0557-22b　1965年7月27日

そして北海道より下北半島にわたって、この半島の各地をあるき、津軽に出て、ここでは津軽藩の採薬方となって藩内の山地をつぶさにあるいている。まったく精力絶倫といっていいほどの活躍をしているが、後にそこを追われて秋田に出、多くの良友を得て、後に藩の地誌『月《つき》の出羽路《いでわじ》』『花《はな》の出羽路《いでわじ》』などを編んだが、その調査旅行中、角館《かくのだて》で病を得て、文政一二年（一八二九）七六歳で逝った。

その七〇冊をこえる紀行文は各地の民俗をくわしく叙述し、また自然の観察は、精緻をきわめている。その現代語訳はすでに三冊公刊されているが（平凡社刊、東洋文庫）、その真澄が最初に心をひかれて足をとどめたのが、小野から松本へかけての一帯で、真澄はしばしば桔梗ケ原《ききょうがはら》をよこぎっている。

桔梗ケ原は、いまの塩尻市大門《だいもん》を中心に東西北にひろがる平地である。その中を南北に三州街道が通っている。松本から伊那谷を通って三河（愛知県）にいた

桔梗ケ原はいまはゆたかだ。0557-21b　1965年7月27日

るもので、三河では飯田街道・伊奈街道になっている。また中仙道が東西によこぎっている。

桔梗ケ原は、今はひらかれて一面の桑畑になっているが、もとは一面の雑草におおわれたさびしい原であった。そして、ろくに家もなかった。旅人にはつよい印象にのこるさびしい野であった。戦国時代には合戦もしばしばおこなわれている。

しかし、真澄がこの野をあるいてからおよそ一八〇年の後、原の南端には塩尻市とよぶ大きな町ができ、平野はひらかれて畑となり、人家もふえた。

善知鳥《うとう》トンネルを北へぬけて塩尻駅へ下っていくまでの間、車窓の右にこの野がひろびろと展開する。今は実にみのりゆたかな野である。桑畑がナシやモモやブドウにきりかえられたところも少なくない。

私は、汽車でここを通りすぎるたびにこの風景に接し真澄の姿を思いおこすのであるが、どうしたことか、まだこの野をあるいて見る機会にめぐまれず、いたずらにいそがしくなってゆく身辺をなげいている。

松本へ

私がはじめて中央線を通ったのは、いつのことであるかはっきりおぼえていないが、たぶん昭和一一年の夏ではなかったかと思う。そのときはただ通りすぎただけであった。それから戦後まで来たことはない。二三年であったか、松本にいる友をたずねていったことがある。そのころ伊那谷へはたびたびいったけれども、塩尻の方へまで足をのばしたことはなかった。二三年に松本へいったときも、友をたずねて一日中語り通して一晩とめてもらい、夜、町をあるいて闇の中に立つ城を見あげたことがある。そして長野・直江津を通って福井の方へいった。

四〇年六月に奈川谷に入ったときには、朝早く松本について、駅まえ付近をうろうろとあるいて見たが、すぐまた電車にのって島々へいった。そのとき、駅の外の集札所の柵のところに、若者たちが一〇人あまりも寝袋に入ったままねているのが印象的であった。奈川からのかえりは、藪原から松本まで出て、そこから新宿行にのり、久しぶりに塩尻から善知鳥トンネルへのぼってゆく車窓の風景を見ることができた。七月の奈川ゆきのときも同じコースを通った。

この度はお城まであるいていって昼の城を見ることにした。闇の中で見た城よりも美しかったが、闇で見たような大きさを感じなかったのは、どうしてであっただろうか。松本には何人もの知人がおりつつ、この町について知ることはきわめて少ないのである。

松本へ来るたびにすぐ眼につき、また印象にのこるのは、駅まえの旅館である。木造四階建ての明治調ののこった旅館である。いま駅まえにこうした旅館ののこっているのはどこだろうと思いう

松本の駅まえ旅館。0555-14b　1965年7月19日

かべてみるが、直江津にも明治調のものがあったように思う。駅まえは案外早くかわっていくようで、昔は、駅まえには旅館があるものときまっていたが、それも改装されたり、またビルがたちならびはじめているところが多い。あるいはまた、ロータリーをつくって、そこを花壇にしたり、木を植えたり、彫刻をおいたりした広場をもつものも少なくない。九州の大分・宮崎・西鹿児島などがそれであり、駅をおりてはじめて見る町の印象のよいのは、その町へ好感をもたせるものである。

松本の駅まえはきわめて平凡であるが、駅まえの旅館が、実はこの町の一面を象徴しているのではないかと思った。

松本城

七月一九日、駅へおりたとき、町はまだあけきっておらず、ひっそりしていた。その町をつれと二人であるいていった。なるべく昔の名残ののこっている裏町を通るようにしてあ

松本城は慶長の初め石川康長によってたてられた。0555-20a　1965年7月19日

るいた。この町にはまだ明治調が多分にのこっている。明治という時代には、覇気とてらいがあった。つまり、これ見よがしのハイカラがあった。それがいま見ると一つの風格になっている。

お城は修理されてりっぱになっている。そして濠の周囲は公園になっている。昼見るとキリッとして実にいい城である。

濠のほとりのベンチに腰をおろして長い間見ていた。そのうちに、だんだん朝の散歩の人たちがやって来た。五〇歳すぎの付近の人らしいのが来て掃除をはじめた。この人は毎朝こうして掃除しているのであろう。通りがかりの人と挨拶したり、しばらく立話したりして箒を動かす。この町にはまだこういう人がいる。公園を、町を自分たちのものとして愛している。

こういう人たちのいるかぎり、町はいつまでも清潔でつつましく、したしみ深いものであろう。

（上）濠。0555-17b　1965 年 7 月 19 日
（下）城門。城門の石垣は美しい。0555-26a　同上

しかし自分たちの町にこうした愛情を持つ人は次第に減っていくのではなかろうか。

石垣積み　この城の門の石垣は実に美しい。大きな石の表面のところだけ平にして、周囲はそのまま、石と石の隙のできるところへは小さい石がはさんである。古い石垣の積み方はたいていこのようである。古いと言っても中世末までである。近世に入ると切石の技術が発達して、同じような大きさの石を平積みにしたり、のちには斜積みにして近代化してくる。

石垣はその積み方でだいたい時代がわかる。その積み方にもいろいろ名称があり、また、これを積む技術者たちも方々に群をなして住んでいて、田舎わたらいをしながら各地の石垣を積んであるいた。

いずれはこの仕事にたずさわった人びとのことも、くわしくしらべてみたいと思いつつはたしていない。もっと早くこういう書物を書いて大勢の人によびかけて仲間づくりをしておけばよかったのだが、その間がなかった。羊年の生れで紙には縁があって、ずいぶんたくさんの紙屑をつくり、紙屑かごをにぎわしてきたのだが、考えてみると、自分の言ってみたいこと、書いてみたいことは何ほども書いてきていないように思う。自分なりの姿勢で書いたものといえば、ほんの少しにすぎないのである。こういう書物の中では、そうした思いついたことを、折にふれてすこしずつ書いておきたい。

いずれ石垣のことについては別のところでもふれなければならないから、そこでまた書くことにするが、ここでザッとしたことだけ書いておくと、私がいちばん最初に石垣に胸をうたれたのは、中国山中の山口県玖珂《くが》郡道立野《みちたちの》というところであった。

昭和一四年十二月の初めに島根県匹見上村《ひきみかみむら》の三葛《みかずら》というところから山をこえて山口県の山代《やましろ》の奥へ出たことがあった。そしてそこから山代本郷へあるいたのであったが、谷底から見あげる棚田の石垣の見事さ。何十段もの段々になった田の畔が全部石で積まれているのである。大坂城の石垣どころのさわぎではない。名もない石工たちが黙々として積みあげたものである。この石垣はおそらくこの山中の石工たちの仕事であっただろう。そうした石工たちには三葛の宿でいっしょになった。そのことは『村里を行く』（未來社刊）の中へ書いておいた。土地の百姓たちにたのまれて一段一段と積んでいったのであろうが、その根気と努力は全く大したものであったと思う。いわゆる英雄の計画の中から生れたのではないのである。

民衆のエネルギーの結集は、時には途方もないものを生み出す。必要がそれを生んだのである。道立野の棚田などもそれであった。最近この棚田の写真が中国新聞連載の「中国山地」に出ていてなつかしかった。それには後野《うしろの》として出ている。しかし、百姓たちはまたこの棚田の故に苦労しなければならなくなる。

石垣積みの石工は、もと、砂鉄をほったり、金をほったりした人たちの流れが少なからずいるのではないかと思う。

中国山地で砂鉄をとっていた人たちは、大阪府の能勢《のせ》地方へ石垣積みにいっていたときいたことがあり、石川県能登の宝達《ほうだつ》は三〇〇年あまりまえ金山のあったところだが、金山が廃坑になると、そこの人たちは、東は伊豆から西は吉野あたりまで葛《くず》の根をほってあるいて葛粉を製造し、また土木事業にしたがって、石垣などを築き、石川県では石工のことを宝達ともいっていたという。奈良県の吉野から熊野地方へは、美濃（岐阜県）の黒鍬師が開墾や石垣積みの仕事にあるいているし、福井県の西谷《にしたに》も石工の出稼ぎが多かったが、ここにも江戸時代に鉱山があった。

しかし、それらとは別個の理由で出現した石工の村もあったようだ。熊本県天草や、八代《やつしろ》の近くの種山《たねやま》の石工は、いたるところに見事な石橋をかけている。

海岸の石垣をついてあるいた人たちの群はまた別にいた。山口県大島郡久賀町《くかちょう》の石垣積みなどは別の系統に属するものではないかと思うが、その活動範囲は西瀬戸内海から九州北岸地方にまでおよんでいる。何とかして、こうしたことをもっと明らかにして、日本の土木技術の発達の過程を明らかにしたいものである。

開智学校

松本城は濠の外から見て、ついでに開智《かいち》学校を見にゆきたいと思った。日本でつくられた洋館風の学校の古いものは、もうあまりのこっていない。しかし、松本市ではこれを保存している。開智学校がそれである。

古い開智学校。0555-22a　1965年7月19日

自動車で通りあわせた人にきいてみると、ていねいに教えてくれた。教えられた方へあるいていると、さっきの自動車が来て、

「もう私の用事はすみましたから御案内しましょう、お乗りなさい」

といって、ドアをあけてくれた。親切な人である。道をおしえておいて、家まで帰ったが、まちがえるといけないと

新しい開智学校。0555-24a　　1965年7月19日

思って、また引きかえして来たのだという。いまたてられているところは、もとの場所ではない。新築されている開智小学校の後へ移したという。その人は自動車の中で手みじかに説明してくれて、学校のそばでおろしてくれて帰っていった。

まだ朝早かったので扉はしまっていて、中へははいれなかった。そこで垣の外から見た。できた当時はずいぶんモダンであっただろう。そのモダンさの故に、ここに学ぶ人たちはあるほこりと夢を持ったに違いない。

古い開智学校のまえに新しい校舎が建築中であったが、これも近頃多く見られる学校建築の概念を出たモダンなものであった。

松本の人たちはたえず新しものをもとめている。松本城も、建築されたときは、日本の城の中でも斬新なものの一つではなかったか。天正一八年（一五九〇）石川数正《いしかわかずまさ》が松本に入府して間もなく工事をおこし、その子康長《やすなが》のとき、慶長初年には完成したようである。ただ、この城をたてるにはずいぶん無理をしたようで、神社の森の木を伐ったり、寺や塔をこわして建築用材にあてたり、いわゆる神仏をおそれぬふるまいであった。神仏ばかりでなく幕府の命にもしたがわぬため、慶長一八年（一六一三）に石川氏は改易せられているが、城はのこった。侍屋敷のあとも見たいと思ったが、時間がなかった。

教会もモダンになる。0555-15a　1965年7月19日

町をあるいているとモダンな教会が目についた。川のほとりにあった。新しいものにたえず目を向けつつ、その新しいものが時代とともにそこにのこり、そういうものが次第に蓄積されていきつつある。これは、一つは戦災をうけていない地方中心都市の一つの姿であるといってもいいが、松本の人たちには古いものを大事にする心もつよい。

別所温泉の繁華街。だが横道へそれると静かな町。**0571-31a**　1965年11月8日

12 別所・上田

別所温泉へ

信越線へはずいぶんたびたび乗った。とくに昭和二六年から二八年へかけては能登へ十数回もいき、ほとんどこの線を利用したにもかかわらず、途中で下車したことはきわめて少ない。軽井沢・戸倉《とぐら》・長野くらいであろうか。関心はありながら、この地方はほとんどあるいたことがない。理由は、みんなが関心をもったり、また民俗学のすぐれた報告書の出ているようなところへ、他所者が出ていくことは無駄になると思ったことが一つ。もう一つは、あまりたびたび通っているとつい関心がうすくなる。

しかし、年をとるにつれて、そういうこととは別に、心にとまったところは途中下車してそのあたりをあるいておくべきだと思うようになった。

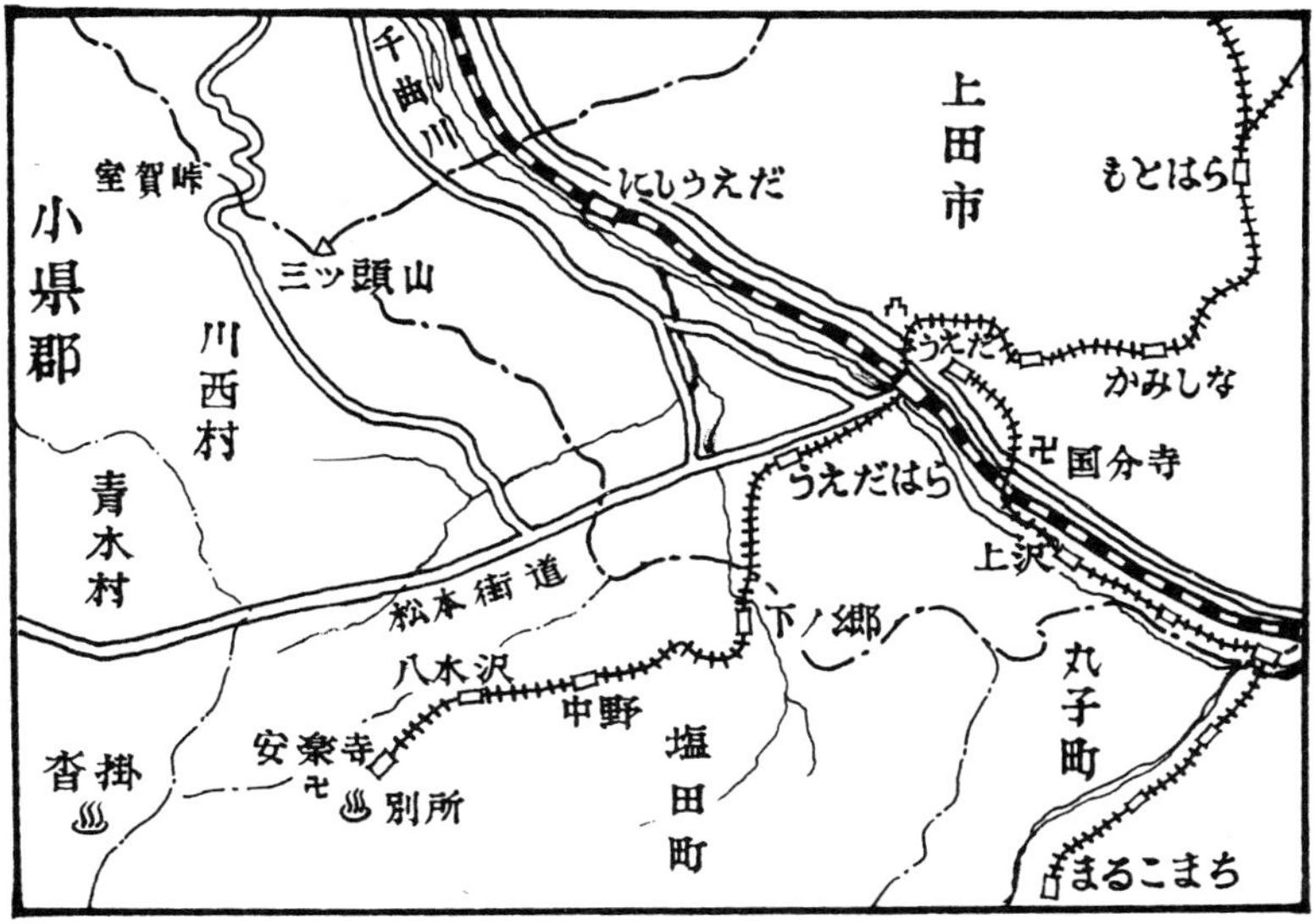

さらに、私の関心が、民俗に関することばかりでなく、あらゆることに向いてきたこともあって、ひまをぬすんでは、たとえ一時間の余裕であっても下車してそのあたりをあるくようにしている。そしてそこで、その土地の誰かをつかまえて、見て来て疑問に思ったことを聞きただしてみる。それがまた次の関心をよびおこして、あらためて出かけてゆくようになるか、または、友達にかわっていってもらったところも少なくない。人間一人であるける範囲は知れたもので、自分の関心をもったものは、他人もまた関心をもってくれることが多いから、話しておくと、いって見てくれるものである。誰かがおなじような眼をもって見ておくことが何より大切で、その中から新しい問題が展開してくるであろう。しかし信越線ではそういうことすらしていない。

昭和四〇年十一月八日、奈川村の最後の調査をおえて、バスで松本まで出て来たとき、このまま東京へかえるより、信越線をまわって見ようと思いついた。そして小諸《こもろ》までいってみる気になった。篠《しの》ノ井《い》線の姥捨《うばすて》から篠ノ井までの下り道は千曲川の谷を見おろす景観がすばらしく、私のすきな風景の一つなので明るいうちにそこが通りたいと思ったが、麻績《おみ》のあたりで暗くなった。

篠ノ井でのりかえて千曲川の谷をさかのぼって来ると上山田《かみやまだ》温泉のネオンの火が美しい。近頃ずいぶん発展したものらしい。終戦後、このあたりへは二、三度来たことがあった。戸倉の温泉にとまって夜おそく風呂へはいっていたら、三十前後の女がぞろぞろはいって来た。私が友だちと食料問題や、農民問題についてはなしていると、冗談まじりの話をしながらキャッキャッと笑いさんざめいていた女の一人が、

「兄さん、そんなむずかしい話ばかりしないで、こっちの仲間へはいりなさい」

といった。芸者なのであろうか、顔は美しいが男ずれのした感じである。

「ありがとう、私はこの方がいいので……」

と笑いながら答えると、湯に深ぶかと沈んでいた女がいきなり立って私の方へやって来て、くろぐろとしげった毛のところを私の鼻さきにつきつけて

「えらそうなこといったって、ここがいちばんすきなくせに……」

といった。全くアッという間もなかったのである。のけぞりざまに湯の中に沈んでやっと顔を湯の中から出すと、みんな大声で笑っている。

「いくじなしだね、この人は」

今度は湯を猛烈にかけてくる。友だちはニヤニヤ笑っている。友だちは土地の者だから女たちを知っているらしい。私の方が、

「まけた、まけた」

といって事はおさまったが、戦争が終った解放感からか、女たちはずいぶん物おじしなくなっていた。私はそのときのことをフト思い出した。

汽車が上田へついた。見るともなしにプラットホームを見ると、向うのホームに小さい電車がとまっている。別所《べっしょ》温泉行とある。急にその別所へ行きたくなって、動きかけている汽車からとびおりた。

山極先生の思い出

急に別所へ行ってみる気になったのは、一つの思い出があるからだ。

思い出というのは、私が昭和の初め、大阪の天王寺師範にまなんでいたころ、学校に山極二郎という地理の先生がいた。背の低い、丸刈頭で、いつも詰襟の服を着ていて風采のあがらぬ先生で、話もあまり上手ではなかった。下あごの両端がすこし出張ってランチュウという金魚に似ているので、ランチュウというニックネームをもっていた。しつけは厳格で、勉学の怠慢はゆるさない人であったが、そのくせ、学生たちから深く尊敬されていた。尊敬されるにふさわしい学殖をもっていた人で、この人の「勢力範囲」の研究は画期的なものであった。「勢力範囲」は、今日では圏ということばで表現されている。

山極先生は、大阪駅から発送され、また大阪駅につく貨物をつぶさにしらべられ、また、東海道線・北陸線の乗降客の数などもしらべて、大阪の経済勢力と東京の経済勢力の境が、北は富山、南は浜松であることをたしかめた。この論文はたしか『地理学評論』の初めの頃のものに出ているように思う。また大阪を中心にした郊外電車の利用者の状況なども実にくわしくしらべて、それをまとめようとしておられたが、これは果さなかったようである。先生の論文は大阪平野の灌漑用水に関するものがもう一篇、『地理学評論』にのっている。これも実に目のつんだもので、大阪平野における灌漑用水がどのようにして供給されているかをくわしくしらべている。その具体的なことはここに省略するが、私はこの先生によって地理学的な方法論をまなんだように思う。

この先生に心をひかれたのは、講義のはじめに、この先生が私の父とおなじようなことを言ったことからであった。私の父は小学校もろくに出ていない一介の百姓であった。その父が、私が郷里を出るときに、言いきかせてくれたことがある。

「昔から可愛いい子には旅をさせろ、ということがあるが、旅では教えられることが多い。まず汽車へのっても、駅へつくたびに乗り降りの客の服装を見よ、その土地の気風がわかる。プラットホームや倉庫につんであるものを見れば、その土地の産物もわかる。田畑を見れば作物もわかる。作物のでき具合も見よ、土のこえているかやせているか、また土地の者が勤勉であるか、なまけているかもわかる。家のあり方や大きさもよく見ておけ。一つの土地へついたら、かならず高い所へのぼって、そのあたりを十分見ておけ、教えられることがいろいろあるし、方角や道をまちがえることがない。また、寺や宮のあり場所や大きさは見ておくものだ。その土地の人たちの心の持ち方がわかる。また、その土地のうまいものは食うておけ……」

といったようなことであったが、山極先生は地理学を勉強するものとして、父が言った言葉とほぼおなじような心得を説いた。農民が経験から得たものも、学者が真理を追究する態度も、実は一つものなのである。ただ学者の言葉はむずかしく、百姓は日常のことばでそれを話す。

ところで、山極先生の郷里が別所であった。先生は時折、自分の郷里は実に水のよいところで、安楽寺《あんらくじ》という寺があって、そこへ朝々はだしで水をくみにいったことや、その寺に美しい八角四重の塔（実は三重）のあることを話された。私の頭にはその話が美しい絵のようにのこっていた。

先生は私が師範を出て二年もたったころであろうか、私が郷里で病気の療養をしているころ、病気で亡くなった。胃癌か何かであったと思う。学生たちは何とかこの先生にもう一度元気になっていただきたいと思って、その長い入院生活の間、交代で看病した。しかし再起できなかった。そのときの学生たちの書いた看病日記が校友会誌に出ていた。読んで深く心をうたれるとともに、この先生の学徳の高さをしのんだのであった。

先生の病気が重くなってから、先生は郷里別所の水をとりよせてのまれた。それには水道の水とは違ったふるさとのなつかしい味があったはずである。そして子供のとき、毎朝はだしで水を汲みにいったことを思い出されたであろう。山極先生についての思い出は多い。

私は上田駅で別所の文字を見たとき、そうしたすぎ去った日のことを閃光のように思い出した。

そして別所行へのったのであった。小さな電車であった。その電車の終点に、まだそれほどデラックスなホテルのない温泉があった。乗客はたいてい途中でおりてしまって、別所でおりたのは四、五人にすぎなかった。夜おそくなって来る客は少ないのであろう。駅まえのタクシーのたまり場で宿をきくと、電話をかけてきいてくれた。静かなところなので、近頃かえってこういうところへ来る人がふえたというが、落ちついた雰囲気のほしい人にはよいところで、もとは百姓たちの湯治場であっただろう。

私は宿へとまると、できるだけそこの主人に、宿やその土地の歴史についてきいてみることにしている。一時間や二時間の話しあいでも、それが何十というほどたまると、おのずから日本の宿場の歴史がわかってくる。話の腰を折らないようにするために、ノートをとったことは少ないが、それでも不思議に話のあらすじだけはおぼえている。そうした話を骨子《こつし》にして『日本の宿』(社会思想社刊)という本を書いたことがあるが、大きな宿へとまると、そういう話を聞くことができぬ。だいいち女中がまるで無学で、客のあしらい方も、土地のことも知らぬ。女中のちょっとした仕草の中にこまやかな心づかいのこもっているとき、私は、

「あなたこの土地の人?」

ときいてみる。たいてい、そうだという。ちょっと話をきいているうちに、主人がどういう人かわかる。そして手がすいていたら話がききたいというと、部屋へ来てくれることもあり、居間へ招待されることもある。田舎の宿なら、いきなりイロリばたへいって話しこむ。

北向観音

私は、宿はなるべく小さい親しみの持てそうなところをえらぶ。おなじ場所へ、そうたびたびゆけないので、一度とまったところへ二度ゆくことは少ないが、思い出してみて、なつかしいものである。別所でとまった宿では、主人から話はきかなかった。女中が土地の者でなかったし、主人は忙しいとのことであった。しかしこの土地は、由緒のある、古くから人の住んだところである。ここにある北向観音《きたむきかんのん》の名はずいぶん遠くまで知られている。私もどこかで北向観音の話はきいたことがあるが、来て見るまで、ここにあるとは知らなかった。

霊験あらたかな北向観音。温泉に結びついて信仰される。0571-31b　1965年11月8日

　大和の国吉野郡新子村《あたらしむら》のなにがしというものが、五歳のときからカンの病で足腰も不自由であり、何とかしてなおりたい一念から、不自由なからだをひきずり諸国の神仏を巡拝し、信濃の善光寺まで来て、北向観音の霊験あらたかなことを人から教えられ、さらにあるいてここま

共同洗濯場。0571-30a　　1965年11月8日

で来、三七日のおこもりをして祈ると、夢に観音があらわれた。そしてそれから足腰が自由になったと、本人のあげた額がある。文久三年（一八六三）のことである。そのほかにも、これに類する額がたくさんあげてある。多分は温泉に入湯したことがよかったのであろうが、たのしい話である。腰をのびのびとさせ家へかえっていくというのはいい話である。

この寺は天長三年（八二六）に円仁《えんにん》がたてたという由緒書がある。円仁は延暦一三年（七九四）に下野《しもつけ》の国（栃木県）に生れ、一五歳のとき最《さい》澄《ちょう》の弟子となり、承和五年（八三八）に入唐した。そのときの紀行文は『入唐《にっとう》求法《ぐほう》巡礼《じゅんれい》行記《こうき》』とよばれ、紀行文としては最古のものに属するばかりでなく、当時の唐の事情を知ることのできるものとして貴重な資料である。この紀行文を研究した、E・O・ライシャワーの『東洋史上の円

かめ石。安楽寺の境内にある。0571-25b　　1965年11月8日

仁』もまた、すぐれた論文として一読すべき価値のあるものである。

さて、その円仁のたてたという伝説をもつ寺が、関東から東北へかけてはすこぶる多い。有名寺のほとんどが、円仁を開基としているといっていいのではないかと思う。それらの寺の所在と分布、縁起を検討すると、関東・東北における仏教浸透のあり方がある程度までわかってくるのではないかと思う。もとより史実は少ないであろうが、このような伝説を流布し、また、これを支えた民衆の生活や、何を心のよりどころとして生きてきたかをうかがうことはできる。

翌朝、雨の中を北向観音から安楽寺《あんらくじ》の方へあるいた。参拝道を北へゆくと橋がある。その橋のたもとの左側に洗濯場がある。温泉のあふれ流れる湯を利用して、土地の人たちが洗濯場をつくっている。もとは、池のようにためて、その周囲で洗

安楽寺の本堂。大きな草葺。0571-23b　1965年11月8日

っていたものであろうが、今はタンクに湯をため、トタンの屋根も張って、雨でも洗濯ができるようになっている。金だらいや木のたらいがたくさん棚にふせてあった。日本人は洗濯好きだが、温泉場の人はとくに洗濯がすきなようである。ただしそれも、透明な炭酸泉やアルカリ泉の出るところでの話だが――。その橋をわたってさらに北へゆき、左へおれて坂をあがると村はずれへ出る。小さな田のすぐ向うは大きな杉の茂った山になる。

安楽寺　そこに安楽寺がある。雨がふっていて木木はしっとりぬれていた。山門をはいると正面に大きな茅葺の本堂が見えた。本堂のまえまでいくと、八角塔の方へは矢印がしてある。右の方の庫裡《くり》の座敷に人がいて、

「塔が見たいのですが」

というと、

「どうぞ」

安楽寺の庫裡。美しい建物である。0571-24b　1965年11月8日

と答えた。その声がひどく大きくきこえたのは、この境内が実にひっそりしているからであろう。

木立の下の坂道をのぼっていくと、テープ録音のラウドスピーカーが鳴りはじめた。近頃こういう観光地をおとずれたことがないので、これはまた便利になったものだと思いつつ、ちょっとさびしかった。誰かが案内してくれると、そこでいろいろの話が出る。その話がおもしろいのである。

私はどこへいっても、どんな人がやって来るかを聞くのがたのしみだ。また、その土地の人たちと社寺とがどんなに結びついているかも、きいてみたいことの一つであった。要するに、人くさいことがすきなのである。

人間のつくったものへ人間の心がどんなにすいよせられていくかをまず知りたい。それによって人と人とのかかわりあいができ、時には大きな結集をさえみるようになる。寺や宮は自分一人だけ

八角三重塔。雨にけぶる。0571-28b　1965年11月8日

の目的でたてたのではなく、多くの人びとを対象にしてたてられている。俗世界からのがれたようにみえるものでも、決してそうではない。八角の塔にしても、人目をひくための心が動いていたはずである。

安楽寺は建治三年（一二七七）のころ、塩田荘の地頭であった北条義政《ほうじょうよしまさ》が檀那になり、惟仙《いせん》禅師によってひらかれた寺という。義政は北条義《よし》時《とき》の子重時《しげとき》の第四子である。

鎌倉時代の小県《ちいさがた》地方は平和な別世界を形成していたようである。関東からやって来るには碓氷《うすい》の坂をのぼらねばならず、甲斐からやって来るにも八ケ岳の東か西の山地を通って来なければならない。しかもそこは東山道の道筋であって人の往来は少なくない。

水田は早くからひらけて、みのりはゆたかであった。したがって寺の造立も盛んで、安楽寺のほかに三重塔をのこす寺が、上田市国分《こくぶ》の国分寺《こくぶんじ》、塩田町前山《しおだまちまえやま》の前山寺《ぜんざんじ》、青木村当郷《あおきむらとうごう》の大法寺《だいほうじ》と三カ寺ある。大法寺の塔は鎌倉時代のものだが、他は室町時代のものである。

安楽寺の塔はちょっと見ると四重のようだが、いちばん下は裳階《もこし》で、実際は三重なのである。高さは一八・六九メートルでそんなに大きくない。寺ができたときよりはだいぶ後に建てられている。八角というのもめずらしいが、軒の反りが軽快で、下から見あげると実に美しい。しかも垂木《たるき》が放射状でのびやかな感じをあたえる。枡栱《ますぐみ》は三手先《みてさき》でかなり複雑になっているが、江戸時代に見られるような煩雑さはない。最近修理されてひきしまった感じがする。

下から見あげる塔。0571-26b　1965年11月8日

雨の中をしばらく塔のまわりをまわってながめ、下へおり、庫裡へいってこの寺について書かれた書物を求めた。りっぱな論考のまとめられたものがある。

塔の軒下。0571-29b　1965年11月8日

そこで山極先生のことについて聞いてみたが、住持はご存知なかった。町の誰かほかの人にでも聞いてみれば知っているものがあるかもわからないが、山極先生もいま生きておいでなら八〇歳すぎだからずいぶん古い話で、先生のことを知っている人も少ないであろう。

安楽寺には、開基の惟仙和尚（嘉暦四年七月作）と恵仁《えにん》和尚（元徳元年九月作）の木像がある。鎌倉から室町へかけて数多く見られた肖像彫刻の特徴をそなえたものである。こうした人がここに生き、仏に仕えていた日の生活を頭に描いてみる。この本堂のうすぐらさのような思想が、あるいは、その時代全体をもつつんでいたのではなかろうか。

この地方の現代の生活については、箱山貴太郎《はこやまきたろう》氏の『上田付近の遺跡と伝承』という名著がある。その書物によってみても、民衆生活をはなやかにいろどるような芸能や文化はそんなにゆたかでは

上田市で見た乾繭倉庫。0571-32a　1965 年 11 月 8 日

なかったようである。しかし、レベルの高い仏教文化を支えてきたようなゆとりのあったことも事実である。

安楽寺のすぐそばに常楽寺という古い寺があり、石造の多宝塔があるが、そこへは行って見なかった。折があればゆっくりあるいてみたい所である。

上田の町

別所から上田へはバスで出て来た。バスではしっている間に雨があがった。上田駅からすぐ小諸へゆくつもりであったが、ふと、この町の郷土博物館長塩入君のことを思い出した。終戦間もないころ、しばらくいっしょに暮らしたことがあり、いま博物館長をしているというハガキをもらった。もう二〇年もあっていないので、あって行こうと思いついた。

駅の近くには、まだ大きな乾繭《かんけん》倉庫がのこっている。これは長野県の特徴ある風物の一つと言ってよい。長野県が養蚕で目ざましい発展をしたこ

上田市役所。0572-01a　1965年11月8日

ろ、繭市場のあるところや製糸工場のあるところには、大きな乾繭倉庫がいくつもつくられた。諏訪湖畔の岡谷には、そうした建物が群立していた。上田もまた、この地方の養蚕の中心地であったばかりでなく、学問の上でも中心をなし、上田蚕糸専門学校がここにおかれた。いま信州大学になっている。

もとは、地方都市としては風格のある町であったと思われ、市役所は三階建ての木造建築で、建築当時はモダンなことを誇っていたに違いない。しかし、いま繁華街は東京とおなじような化粧をしている。

ここでも侍屋敷をあるいてみたいと思ったが、十分はたさなかった。侍屋敷のよくのこっているところは、町に大きな変動が見られなかったか、または武士が農民と比較的密接に結びついていたところである。しかし武士が官僚化していた藩では、明治維新以後、急速に没落し、武家町の消え去ったところが多い。そういうところはまた、領主の交代が頻繁に見られている。しかし上田藩は、松本・飯田・飯山などにくらべれば比較的少なかったのではあるまいか。

上田城

上田城は天正一一年（一五八三）に真田《さなだ》昌幸《まさゆき》が築いた。そしてこの城に拠って天正一三年には徳川の軍をやぶっている。さらに慶長五年（一六〇〇）にも昌幸・幸村《ゆきむら》親子が関ガ原へかけつけようとする徳川秀忠《ひでただ》の軍を阻止してゆずらなかった。しかし石田三成《みつなり》を中心とする西軍が、家康《いえやす》のために敗れ、これに味方した昌幸は領土をうばわれ、和歌山県九度山《くどやま》に去った。かわって慶長六年、真田信之《のぶゆき》が群馬県沼田から入った。信之は昌幸の子であるが、徳川家康に属して功があり、父昌幸が三万八〇〇〇石だったのに対して九万五〇〇〇石であった。しかし元和八年（一六二二）信之は松代《まつしろ》に移され、小諸から仙石忠政《せんごくただまさ》が入封した。

上田城の櫓。博物館分館になっている。0571-36a
1965年11月8日

上田城の石垣。**0571-37a**　1965年11月8日

宝永三年（一七〇六）政明《まさあき》のとき仙石氏は兵庫県出石《いずし》に移り、出石にいた松平忠周《まつだいらただちか》がここに来て、その家が明治までつづく。

城もまた仙石時代に大改造して、いまのこっている櫓はそのときのものであるといわれている。

領主が移封になると家臣もまたついていく。そのとき城や侍屋敷などは、あとから来るもののために目録をつくって全部引きつがれる。兵庫県柏原藩《かいばらはん》の移封のときの目録を見たことがあるが、建物の大きさ・襖・畳数まで全部記録されている。こういうものはもともと武士個人のものではなくて、一種の官舎であったことがわかる。そして後から来たものが、それぞれ割りあてられてまた住みつくのである。江戸時代の武士は、ある意味で根なし草であった。そして録高とよばれる給料をもらって生活していたのであって、一種の官僚制度であり、明治以後の官僚システムは

武家屋敷の名残。0572-!Sb　1965年11月8日

封建官僚の伝統をうけついだもののようである。が、大名の中には中世以前から領地を動かず、あるいは近世初期以来、動かなかったものもある。そういう藩では武士と農民がしっくり結びついており、城下町が近世初期以来の姿をそのままに近い形でのこしているものがある。

上田は、つぶさに町をあるいて見たのではないからよくわからないが、その変動がはげしかったのではないかと思われる。しかし城跡は、比較的よく保存されている。そしてそこが、今は公園になっている。

公園の入口の橋の下、もとの濠の中を電車のはしっているのも、時勢の変化をしめすものである。公園の中には、自由画を首唱して大正から昭和の初めにかけて活動した山本鼎《やまもとかなえ》の記念館があり、郷土博物館があった。郷土館の方は、本館のほかに櫓も展示場に利用している。館長は富山へ行っ

濠の中を電車線路が……。**0571-35b**　1965年11月8日

たとかで留守であったが、おちついたよい博物館であった。
　日本でもこういう博物館がもっとたくさん方々にできてよいのではないかと思う。そしてそこへゆけば、その地方のひと通りの文化の様子がわかる。そのあとで町内やその付近があるいて見られるような仕組になっていると、地方を見てあるく場合も、無駄や見落しがなくてよいのではないかと思う。

古き国原

　もともと上田付近は、信濃の国でももっとも早くひらけたところではないかと思う。上田の東南には国分寺がのこっているから、国府も上田付近にあったはずである。市街地の東の古里《ふるさと》付近には、条里制の遺構とおもわれる水田ものこっている。条里制遺構田はここだけでなく、塩田・川西村《かわにしむら》・塩川《しおがわ》付近にも見られる。そのあり一帯の水田が、このあたりではもっとも古くひらかれたものであろう。とくに塩田町は用水池のきわめて多いところで、それは大阪平野を思

上田高校まえの濠。0571-34a　1965年11月8日

わせるほどである。その池の中には全然承水区域がなくて、周囲に堤をきずいた、いわゆる皿池も少なくないのである。このような池の多いところの水田は、多くは古代から存在したものであり、同時に水に困ったところであった。そこで水にちなむ信仰や行事も多いようである。

また、上田付近には古墳も多く分布しているという。信濃という大きな国の、ここが中心になり得るほどの生産と文化をもっていたものであったと思われる。したがって、ここに町ができたのも偶然ではなかったし、後に真田氏がここによって徳川氏に対抗することのできたのも、真田氏を支え得る生産の高さと、民衆の力の結集があったからだと思う。

しかし、近世に入っての信濃の国は、実に多くの藩領にわけられた。幕末まで領主のいたところ、すなわち城または陣屋のあったところをあげてみ

濠の外側はもと侍屋敷であった。0571-33a　1965年11月8日

ると、岩村田《いわむらだ》・小諸・上田・松代・須坂《すざか》・飯山《いいやま》・高島《たかしま》・高遠《たかとお》・飯田・松本となっている。このほか、木曾福島には尾張藩山村氏の陣屋があった。

複雑な地形がそうさせたともいえる。しかし、それだけではなかったようである。そうでなければ、さきに見た小野村のように、一つの村を二つにひきさくようなこともおこらぬ。千曲川のほとりでも戸倉と上山田は一つの集落をなした温泉だが、行政区域を異にしている。

信濃人の中にあるこの依固地《いこじ》なものは、藩政のセクショナリズムだけが生んだものではなく、それ以前の、中世の小領主支配時代の遺風が尾をひいているのではないかと思うことがある。

城跡公園の東に上田高校がある。まえに濠があって堂々たる城門をもっている。そこの学生たちは、この門を入る瞬間、ある緊張感を持つであろう。そしてそれが一つの校風を生み出す条件にな

上田高校の校門。0571-32b　1965年11月8日

っているのではないかと思った。こうした雰囲気の中から、使命感のようなものが生れてくるのではないかと思った。使命感をもった凛々しさは意義あるものであり、武士がのこしてくれた精神的な遺産の中では尊いものの一つであると思う。こんなところに、私は上田の町の一面を見たように思った。

　また雨になった。駅まえ通りのバスの停留所まであるくと、小海《こうみ》行のバスが来た。とっさに、小諸へゆくのをやめて小海までいってみることにした。小諸へはまた来られるであろう。小海線の沿線はまだ通ったことがないし、これからも来る機会があるかどうか。バスは上田よりももっと古風な小諸の町をぬけてリンゴ畑や桑畑の中を走った。雲がたれこめて視界はきかなかった、小海から汽車にのりかえて中央線の小淵沢《こぶちざわ》へ出た。もう一度ゆっくり来て見たいと思った。

あとがき

私はいままで離島調査専門のように思われてきた。しかし離島だけが専門ではなかった。山村も僻地も、とにかく歩いて来たところに対してはみんな興味をもち心をひかれた。そういう点でどこまでも素人なのである。

離島振興法という法律のできたのは昭和二八年（一九五三）で、その年から離島振興協議会で離島のお世話をするようになったが、その翌年、すなわち二九年に、当時、東京営林局長をやめられたばかりの平野勝二氏を中心に財団法人林業金融調査会がつくられた。農林中金の理事長であった湯川元威氏や林野庁森林組合課の方々の斡旋によるものであった。

「日本には山に木を植えたり、伐ったりするための山林行政はあるが、そこに住む人たちを中心にした山村行政がない」というのが、私のかねがねの実感であった。その山村の人たちの産業・生活・文化などの向上に資するための調査を目的としてこの会は発足し、当時、東京農業大学の助教授であっ高松圭吉君を中心に、その弟子 松田藤四郎・竹中久二雄・田村善次郎・藤田清彦、早稲田大学助教授 外木典夫、日本常民文化研究所研究員 河岡武春の諸君に、農業大学、早稲田大学の学生諸君にも手伝ってもらって、問題のありそうな山村の社会経済的な実地調査にのり出したのである。

一カ所の滞在日数はだいたい一〇日として、三人くらいでチームをつくって調査にゆき、問題の多そうなところは、綜合調査といって一〇人ないし二〇人でゆく。また、問題の多い地域——たとえば天竜川流域、白山周辺、奈良県吉野地方、徳島県木頭《きとう》地方などは数カ村をえらんで調査した。林業に関する金融問題、土地所有、土地利用、森林組合、とくに生産森林組合、造林、労働問題、人口問題、林道、農業との関係、共済制度などに重点をおいて。そして調査箇所も全国で二〇〇カ所をこえ、調査報告書も一三〇冊に達している。

小さな調査会ではあったが、実質的な山村の調査活動では、戦後、この会ほど活発に充実して動いたものはなかった。それにもかかわらず、研究員の待遇はきわめて悪く、そして疲れた。本当はこれらの調査資料をデスクワークによって論究していかなければならないのだが、まず経済的にゆとりがなく、お互いには時間がない。みずからの生計をたてるためには一人ひとり別の道をあるかなければならなくなっていきつつある。

しかしその調査によって得た結果は、山村政策の上に次第に生かされてきているようである。林業基本法もでき、山村振興法も生れた。はなやかではないが、世の中にはこうした地の塩としての働きの積みかさねがあり、それが世を新しく方向づけている力になっていると思う。

全国二〇〇カ所を調査したといえばいかにも多いようだが、それを地図におとして見れば、ほんのわずかなものである。昭和四〇年の初め、水利科学研究所の武藤博忠理事長から、ガソリン消費税見かえりのパイロット林道（一般にはスーパー林道といっている）の経済効果予測調査のうち、長野県奈川安曇地区をひきうけてもらえまいかといわれたとき、私も私の仲間も、まだこの地方の調査をしていないことに気づいた。その地区の中にある白骨温泉には高松君の友人がいて、原稿を書きにそこまでいった者は何人かあるが、みんなの見落していた場所の一つだったので喜んでひきうけた。この林道が単なる山林開発のためのものでないことは、地図を見れば一目でわかった。そして上高地へのバイパスとして利用度はきわめて高いであろうし、利用する観光客も山の中腹をゆく見はらしのよい道として大いに喜ぶであろうが、地元はこれをどううけとめて、地元としてその恩恵をどのようにうけるかは、単に地図や役場の数字の累計だけではわからない。そこに人がどのように生き、どのように働き、また将来にどのような夢を持っているか、彼ら自身の生活はどうか、そういうことも見なければならぬ。

それにはまず調査班を編成しなければならない。私は私のつとめている大学（武蔵野美術大学）の社会学の教授をしている星川進、講師の橋本梁司両君の協力をもとめ、ついで林業金融調査会の田村善次郎、藤田清彦、東京農業大学農業経済学科講師の竹中久二雄、離島振興協議会の大見重雄の諸君に声をかけた。大見君は仲間の一人としてこれまで山村調査にはしばしば参加してもらったベテラン。このほかに事務、記録整理のために神保教子さんに参加してもらうことにした。

そして、六月一八日、予備調査のため私は松本を経て島々にいたり、安曇村役場で調査対象となった大野川・白骨・上高地などについての話をきき、また文献や記録、統計数字などをあつめておいてもらうようにたのんでおき、奈川村に入った。奈川村黒川渡の村役場には松原二郎氏という生字引のような人がいる。木曾の人で林業の技手として大正の中頃この村におちついて以来今日まで、村役場の事務にたずさわるばかりでなく、林業指導者として村民の一人ひとりに接してきた人である。数字も正確だが、穏健中正で得がたい人である。村は現在この人を参与として、助役の次に席をおき、村政万般の相談役にしている。地方には時にこういう人がある。こういう人のいる村は方向を見失わない。村長がかわることがあっても松原氏の地位はかわらない。なくてならない人だからである。

「村をあるいて見るまえに、まず松原さんにひと通りのことをきいてからにしなさい」と村長にいわれるままに、奈川温泉へ案内されて、昼すぎから夜九時すぎまで話をきいて、村のあらましの概念を得、翌日、番所を経て白骨へいったのである。そして豪雨にあって、境峠をこえて藪原へ出た話は本文中にかいた。

本調査は七月一八日からであった。班を安曇・奈川の二つにわけ、安曇班は星川・橋本・田村・藤田の四人、奈川班は竹中・大見・神保に私、そのほかに農大の学生が一人。まず三日ほどは役場で用意してもらっている資料に目を通し、写せるものは写しとることにした。こういう作業のときはほとんど徹夜になる。資料不足や不明の部分は、役場の担当の吏員から聞きとりをおこなう。数字が二通りも三通りも出るようなときには、どちらが正しいかをたしかめる。また作文の数字であるか実数であるかもたしかめ、それらを集計していく。次に個表をつくる。これは個別調査をするためのものである。お互いの持ちあつまった資料をもとにして疑問のところ、見落しのあるかも知れぬ点についてディスカッションをする。

四日目には松本からマイクロバスをかりて調査地域を一巡することにした。これはきわめて重要なことで、地域全体の具体的な姿が頭に入っていないと、どうしても思いちがいがおこってくる。島々で安曇班のものに乗車してもらい、奈川班は黒川渡で同乗し、それから寄合渡を経て川浦までいった。途中、見るべきもののあるところでは車をとめて耕地、林相、集落のあり方などを見、また村人に話しかけて、村人の気分や考え方の一端にふれた。そこから引きかえして奈川渡・前川渡を経て番所原にいたり、さらに乗鞍の中腹までのぼって奈川・安曇全域を眺望した。そこから見る地域はただ木の茂りに茂った山の起伏であったが、原始林と思われるものは少なかった。

乗鞍を下って上高地にいたり、そこで一時間あまり店屋・旅館のあり方などを見てあるき、白骨へ引きかえして車を松本へかえし、その夜は全員のディスカッションをおこなって、これからの調査方法をきめた。安曇組は白骨の温泉を個別にしらべるものと、番所の個別調査班にわかれることになる。しかし、その夜からの豪雨で一日足をうばわれてしまい、道は崖くずれや川の浸蝕で交通杜絶になる。

奈川班は二日目に奈川へかえり、個別調査をはじめる。私はまず航空測量写真で林相、耕地、集落のあり方などをつぶさに見ていってメモをとり、それをもとにして古老、農協、学校などでの聞きとりをはじめる。この作業は夜間もつづけられる。予定した七月二七日がきた。奈川班はそれまでに帰った者もあったが、残った者は奈川温泉の調査をかねて一泊し、翌日、境峠をこえて藪原に出、松本を経て帰った。

帰って資料のつきあわせをして見ると、なおいくつかの調査洩れがある。十一月四日、神保さんと奈川に入り、黒川渡・寄合渡で境峠利用についての聞きとりをおこなって、今度はバスで松本まで出た。安曇の方は橋本君が十二月二〇日から二六日まで補足調査をおこなった。

調査のために出かけたものであったから、見聞もそういうことにかぎられた。もう少し時間のゆとりをもって野麦峠をこえたり、上高地あたりでもあそんで来るべきであっただろうと思う。ただ別所と上田は、調査のかえりに、調査とは関係なしに寄ってみたのである。

以上のような次第で、この書物でのべられていることには私一人の見聞でなく、調査仲間のしらべた材料がたくさんはいっている。また『南安曇郡誌』や『安曇村史』、村にのこる古文書なども参考にしたりした。

最後に、この写真の整理にあたったのは田村善次郎君で、同君にはたいへんお世話になった。地図は神崎宣武君に描いてもらった。この書を出すにあたっては同友館の福永文雄氏のお世話になった。なおこの書物は、一月以来健康をそこねて、三月初め北里研究所付属病院に入院しなければならなくなり、そのベッドの上で書きあげた。

多忙のために昔からの病気が再発したのであるが、病院にはいったら飯もうまくなり、比較的規則正しい生活をするためか、今まで五五キロをこえたことのない体重が六〇キロをこえた。まだまだ太るであろう。だからまた元気で娑婆へ出られると思う。

入院してみてしみじみ思ったことは、学者から書物をうばってはどうにもならなくなるように、あるくのが仕事であった私は、死ぬまであるくことをやめてはいけないということであった。私は現実の風土の中からしか問題を見つけることができない。

第一巻については多くの読後感を寄せられ、その中には私の家が写されていると教えてくれた人もあった。またこの橋は洪水でながれてもうなくなっています、そのかわりコンクリートの橋ができました、と教えてくれた人もあった。こういう書物は読者といろいろ交流ができるのが何よりうれしい。今後もいろいろ気づいたことを教えていただきたい。

宮本常一

昭和四二年五月三日午后九時

註

この巻でとりあつかわれている地域についての宮本の著述はさほど多くはないと思われる。本書の「はじめに」でふれられているように、この巻自体がパイロット林道調査の「副産物」であり（その調査報告は『宮本常一著作集48　林道と山村社会』未來社、二〇〇六年　所収）、また、この調査の背景などについては、同じく本書の「あとがき」でその説明がなされている。著作集におさめられた本来のレポートを補う形での私的な紀行文が本書ということになろう。ただ、「はじめに」の項で述べられている山奥の村の二つのタイプ、「通りぬけ村」と「行きどまり村」という概念は、宮本の山村観においてひとつの基本軸になっているように思える。なお、宮本の山村調査の軌跡やその著述については、前掲『著作集48』の田村善次郎の解説参照。

*佐倉宗吾（7ページ）——（生没年不詳）江戸時代前期の下総国印旛郡公津村の名主。佐倉藩領主の重税に苦しむ農民のため将軍への直訴を行ない処刑されたという物語が江戸時代後期に形成され、代表的な義民として語りつがれてきた。なお、ここでふれられている佐倉宗吾の父の墓については、『私の日本地図11　阿蘇・球磨』の127～128ページ参照。

*『寺川郷談』（8ページ）——宝暦元年（一七五一）春から翌年の春まで、盗伐取締りのために本川《ほんがわ》郷寺川村（現　吾川《あがわ》郡いの町《ちょう》　寺川）に派遣された土佐藩の役人　春木次郎八繁則が、村での見聞を高知城下の友人に送った手紙の形をとった記録。活字化されたものとしては『日本庶民生活史料集成　第九巻』（平山敏治郎他編、三一書房、一九六九年）所収のもの（校訂　坂本正夫）と、『寺川郷談』（監修　田村安興、本川村、二〇〇二年）などがある。

＊大阪あたりから…（8ページ）――宮本の著書『忘れられた日本人』（未來社、一九六〇年。のち『宮本常一著作集10　忘れられた日本人』同、一九七一年。岩波書店〈岩波文庫〉、一九八四年）の「土佐寺川夜話」の項に「こうした山の中へ風のように来て風のように去る人がありました。それは大阪から来る蜂蜜や蜜蠟を買う商人でした。昔は薬種商人が買付けたものですが、その古い書付が今ものこっています。」とのくだりがある。

＊団茶（8ページ）――蒸した茶葉を搗いて団子状に固めたもの。現在、大豊町でつくられている碁石茶はこの系統をひくものであろう。瀬戸内海地方に出荷されていた。

＊竜渕橋架橋の頌徳碑（14ページ）――この橋の名は現在 新渕橋とかわっている。頌徳碑の文章は、横山篤美（一九〇二‐九四）による。横山は現 松本市安曇出身。農林業を営みながら郷土史の研究を続けた。著書に『上高地開発史』（山と渓谷社、一九七一年）など。同友館版に宮本が引用、紹介している碑文を実際の碑文とつきあわせてみると、数か所誤記があったため、ここでは実際の碑文の表記に訂正して示している。

＊トンド（20ページ）――小正月前後に注連縄や正月飾りを一か所に集めて焼く年神様を見おくる行事。

＊下市田の中村家（21ページ）――『私の日本地図1　天竜川に沿って』（未來社、二〇一六年）221～222ページ参照。

＊『春日権現験記』（22ページ）――鎌倉後期の絵巻物。一三〇九年に西園寺公衡が春日権現におさめたもの。春日明神の霊験、奇瑞が描かれている。

＊『南安曇郡誌』にはしるされている（27ページ）――『南安曇郡誌　第二巻下』（南安曇郡誌改訂編纂会編刊、一九六二年）の「第九章　諸産業、第一節　林業」の「一　梓川渓谷の林業」の項からの引用と思われる。

＊奈川ダム、奈川渡ダム（37ページ）——この二つのダムの名称は本文中にしばしばあらわれるが、同じダムを示していると思われる。なお正式名称は奈川渡ダムである。またこのページの「竜水発電所」は、あるいは竜島発電所を指すのではないかと思われる。

＊強力（43・47ページ）——山越しする人の荷を負い、案内に立つ人。修験者に従う下男を指す場合もある。

＊岡船（49ページ）——「尾州の岡船」と称され、北国街道は越後高田、中仙道は上州倉賀野河岸、甲州道は江戸四谷、西は名古屋あたりまでの範囲で活動していた。

＊やりがんな（槍鉋）（54ページ）——断面が浅い三角状をした槍の穂先に似た刃を木柄につけた工具。木材の表面を削り、仕上げに用いる。下図参照。

＊ちょんな（手斧）（54ページ）——平ノミを大きくしたような刃に柄を直角に取りつけた鍬形の斧。材を斧で削った後、平らにするのに用いる。

＊『餓鬼草紙』（56ページ）——平安末期から鎌倉初期にかけてつくられた絵巻。永遠の餓えと渇きに苦しむ餓鬼道を描いたもの。

やりがんなをつかう男
（『春日権現験記』）

出典：『新版 絵巻物による日本常民生活絵引』第四巻、澁澤敬三・神奈川大学日本常民文化研究所編、平凡社、1984年。

＊『慕帰絵』（56ページ）——『慕帰絵詞』。南北朝時代、本願寺三世覚如の一代を描いた絵巻物。

＊スーパー林道（60・79・88・171・185・257ページ）——特定森林地域開発林道。一九六五年、森林開発公団が林業の振興を目的に建設を開始した高規格林道。高規格とはいえ、これは往時の林道に比しての基準で、道幅は二車線程度で未舗装の部分も多かった。当時、自然破壊の典型例として新聞紙面などをにぎわせた。

＊木曾氏（63ページ）——南北朝時代から室町時代後期にかけて、信州南部の木曾谷を領していた国人領主。

＊リョウブ（83ページ）――リョウブ科リョウブ属の落葉高木。北海道南部から九州にかけて分布。若葉を食用にし、飢饉にそなえ乾燥保存していた。

＊「地理風俗始諸書上」（84ページ）――この史料は『奈川村誌　歴史編』（奈川村誌編纂委員会編・刊行委員会刊、一九九四年）第七章第一節に「明治五年申六月　地理風俗始諸書上　福嶋御取締所　信濃国筑摩郡奈川邑」（奈川村役場所蔵）として紹介されている。「地産ハわらび粉五拾駄ヅツ出来候　此価金高三百三拾両程」。太布はシナの木あるいは楮の皮でつくる平織りの布。これについては「三百五十反程　内売払候分百五十反程此代金高七拾五両程」とある。ソバ柄灰は同史料では「蕎麦売ノ灰　四拾八駄ヅツ出来申候　此価金高六拾五両程」と記されている。

＊一石（90ページ）――度量衡の表現で「石」はいく種類もの規格があるのだが、ここでの一石は一〇斗、約一八〇リットルを指していよう。

＊越中ブリ（96ページ）――これについては『越中ブリ』（北日本新聞社編、同出版部刊、一九八三年）参照。

＊台網（97ページ）――定置網の一種。袋網と垣網の二つの部分、もしくは、これらと囲網の三部分から成り、魚を垣網で袋網に誘導して採捕する。大敷網と大謀網の二種に分類される。

＊ボッカ（歩荷）（97・100・101ページ）――山を越えて荷を運んだり、山小屋へ物資を届けることを仕事とする人。

＊その子のことについては別に書いたことがあるが…（98ページ）――これは「孫晋澔君のこと」（宮本常一『和泉の国の青春』田村善次郎編、八坂書房、二〇一〇年 所収。初出は『世に出ていく君たちに1』汐文社、一九六五年）を指していると思われる。

＊『にあんちゃん』（98ページ）――一九五八年に光文社から刊行された一〇歳の少女の日記（のち、筑摩書

房〈ちくま少年文庫、一九七七年〉、講談社〈文庫、一九七八年〉、角川書店〈文庫、二〇一〇年〉などで刊)。著者は安本末子。その一九五三年一月から五四年八月にかけての日記になる。安本は一九四三年、佐賀県東松浦郡入野村に生まれた。本籍は韓国全羅南道宝城郡。日記の内容は入野村の小さな炭鉱町での生活記録。

＊坂部というところで、このショイコを…(99ページ)――前掲『私の日本地図1　天竜川に沿って』128ページ参照。

＊白木(100・111・131ページ)――木製器具の材、建築材、屋根板の材となる大樹の割り物や挽き物の総称。前掲『奈川村誌　歴史編』の「資料、一　林業語意(彙)」の項には「黒木に対して挽き、割取ったものをいった。桶榑木、天井板、曲輪類、柄がら等短尺物を小白木といった」とある。

＊長塚節の「佐渡が島」(101ページ)――長塚節(一八七九―一九一五)は歌人・小説家。「佐渡が島」の初出は一九〇七年十一月の『ホトトギス』(第一一巻第二号)。岩波文庫の『炭焼の娘』(一九三九年)に収録。全六節の内容のうち、二節以降に馬喰がたびたび登場する。

＊明治九年の記録(103ページ)――この記述は奈川村が明治九年(一八七六)に筑摩県参事あてに提出した文書によるものと思われる。これは『長野県町村誌　第三巻　南信篇』(長野県編、一九三六年。〈復刻版〉名著出版、一九七三年)で見ることができる。原文は、

「該村は山間僻邑の地なれば、民家醜陋にして、往時は皆家として床造り等の建構なし。唯土間のみ之に薦、或は莚蓆を敷きて、飲食、起臥をなす。中にも稀に床造りのものありと雖も、一席位にして畳を敷く事なし。因て即今日に至ても土間を以て台所と唱ふるの風習あり。又衣類に至ては多く麻、又は藤蔓の皮を削ぎ採り、之を織りて用ふ。此の如き風土なれば、嘗て学校の設け等もなし。されば文学筆算の業に堪ゆるものなし。故に頑愚曚昧の者のみなれば、農業と雖も又是に亟ぐ。然

りと雖も近来は追々変更して、家毎に床を造り、畳を敷き、絹、木綿等を織り衣類となす。」(復刻版八二～八五ページ)

となっていて、本文中の「床造り家は庄屋くらいのもので、これは大切な客をとめなければならないからである。」の部分は該当文章がない。おそらく宮本の推測による補足記述であろう。

＊島木赤彦・赤彦(108・119ページ)――(一八七六－一九二六)長野県出身。明治、大正時代のアララギ派歌人。長野県尋常師範学校を卒業後、教職のかたわら短歌をつくる。伊藤左千夫に師事。一九一五年、短歌雑誌『アララギ』の編集兼発行人となる。

＊夏蚕桑すがれし畑にをりをりに…(108ページ)――この短歌の初出は一九一九年十月の『アララギ』(第一二巻第一〇号)。のち歌集『氷魚』(岩波書店、一九二〇年)収録。なお、「をりをりに」の箇所は同友館版では「折々に」と記されていたが、『氷魚』の表記に訂正した。

＊大正五年のしらべ(108ページ)――これがどのような資料によるのか不明。『大正五年度蚕業取締成績』(農商務省農務局)では、風穴の数は、島々一、明ケ平三、稲核四、大野川一となっており、『南安曇郡誌』(南安曇郡教育会、一九二三年)では、少し下った大正八年～一〇年で、島々一、明ケ平二、稲核五、大野川一となっている。

＊巣山留山(110ページ)――いずれも木曾藩の森林保護政策。留山は立木にいっさい手をつけられない山林。巣山は留山の一種であり、鷹狩りのため巣鷹の保護を目的として設けられた禁林区。

＊草刈カマと枝打カマ(113ページ写真説明)――左の写真には側面をみせているショイコと、一本の柄の長い鎌が写っており、右の写真にはそれに加えて二本の柄の長い鎌が加えられている。この三本の鎌は一般には「造林ガマ」と呼ばれているもので、主に下草刈りに使われるものであろう。形状のみからではどれが「草刈カマ」でどれが「枝打カマ」か判然としない。枝打ち作業には、こうした鎌を用い

ることがなくはないが、基本的には片手で使う小型の鋸や鉈を用いて行なうことが多い。写真説明と写っている物との対応関係がはっきりしないのだが、ここは原文どおりにしている。

＊マトリ（117ページ）――雑穀や豆類の実を落とす道具。主にヤマザクラ、カンバ、クリ、イタヤなどの木の二股、三股になったところを切って作る。

＊この頃の我の楽しみは…（119ページ）――島木赤彦のこの歌の初出は一九二六年四月の『アララギ』（第一九巻第四号）。のち歌集『杮蔭集』（岩波書店、一九二六年）に収録。同友館版では、「この頃のわが楽しみは飯終えて熱き茶をのむ漬菜かみつつ」とあったが、歌集にあわせ訂正した。

＊中村為治・中村さん（124〜127・134・143ページ）――（一八九八－一九九一）東京銀座に生まれる。イギリス文学者。東京帝国大学卒。東京商科大学予科教授。一九四三年職を辞し、長野県乗鞍高原に移住。農業と翻訳で暮らす。一九六七年から中部女子短期大学（現 中部学院大学）教授。著書に『バーンズ』〈研究社英米文学評伝叢書32〉（研究社、一九三四年）など。

＊バーンズ（126ページ）――Robert Burns（一七五九－九六）スコットランドの詩人。岩波文庫の中村訳は『バーンズ詩集』（一九二八年）。

＊キップリング（126ページ）――Joseph Rudyard Kipling（一八六五－一九三六）イギリスの小説家、詩人。岩波文庫の中村選訳は『キップリング詩集』（一九三六年）。

＊猪谷選手（135ページ）――猪谷千晴（一九三一－　）南千島国後島《くなしり》出身。一九五六年のコルティナ＝ダンペッツォオリンピック冬季競技会のアルペンスキー男子回転で二位。アルペンスキーで日本人としてはじめてオリンピック入賞をはたす。

＊東大のコロナ観測所（137ページ）――乗鞍コロナ観測所。乗鞍岳に国立天文台が設置した天体観測所。一

九四九年に東京大学東京天文台の付属施設として完成。二〇一〇年三月、老朽化により閉館。

*樽丸師（152ページ）――樽丸とは酒樽に用いる杉の板目材の側板。それを竹のタガに並べ詰め酒樽を作る職人。

*カッタイ道というものの…（152ページ）――宮本の『忘れられた日本人』の「土佐寺川夜話」（前掲）に出てくるエピソード。

*翼賛壮年団長（170ページ）――一九四〇年につくられた国民統制組織「大政翼賛会」は、次第に地域の部落会、町内会などを指導下に置いていった。おそらくそうした下部組織の壮年層のリーダーということであろう。

*木ジルシ（192ページ）――木材の所有や所属を示すために鉈や斧で木に刻むしるし。

*ウエストン（193ページ）――Walter Weston（一八六一－一九四〇）イギリス人宣教師。三度来日。滞在中に日本各地の山に登り日本アルプスをはじめ日本の山々を登り、それを世界に紹介した。上高地では毎年「上高地ウェストン祭」がおこなわれている。

*水準点（196ページ）――水準測量で土地の高さが測定してある地点。国内の主要な道路に沿って約二キロごとに設けてあり、花崗岩の標石を埋設。

*五街道細見（197ページ）――江戸時代の観光案内書。五街道の宿場や名所、里程などの情報を掲載。

*島崎藤村（209ページ）――（一八七二－一九四三）本名 春樹。木曾馬籠（現 岐阜県中津川市）に生まれる。生家は庄屋・問屋を兼ねた馬籠宿の本陣の家柄。詩人、小説家。ロマン主義詩人として『若菜集』を、小説家に転じ代表的な自然主義作家となる。代表作に『春』『破戒』『夜明け前』など。

*『夜明け前』（209ページ）――島崎藤村の長編小説。『中央公論』誌上に一九二四年四月から一九三五年十月にかけて断続的に掲載された。

＊お六櫛（212ページ）――木曾郡木祖村藪原で作られるミネバリ、ツゲを材にした櫛。一九七五年に同村教育委員会から『木祖村文化財調査報告書第2集　木曾のお六櫛』が刊行されている。

＊伝馬役・定歩行役・水役・七里役（214ページ）――宿駅では運輸・物流の管理は問屋がおこない、年寄はその補佐にあたる。その管理のもとで人馬や荷持ちの継立ての手配にあたるのが伝馬役。馬の運用と人足による運搬の割当事務が定歩行役、宿の雑用、営繕が水役、飛脚を担当するのが七里役となる。

＊例幣使（216ページ）――江戸時代に朝廷から日光東照宮の大祭に派遣された奉幣使。京都から日光に至るその道を例幣使街道と言った。

＊谷汲華厳寺（216ページ）――岐阜県揖斐郡斐川町にある天台宗の寺院。八世紀末の創建と伝えられる。朱雀天皇により勅願寺に定められた。西国三十三所観音霊場の第三十三番札所。

＊菅江真澄・真澄（219～222ページ）――（一七五四－一八二九）江戸時代後期の旅行家、博物学者。本名白井秀雄。その著述は「菅江真澄遊覧記」と総称され、内田武志・宮本常一編『菅江真澄全集』（全一二巻、未來社、一九七一～八一年）、現代語訳は同編訳『菅江真澄遊覧記』（全五巻、平凡社〈東洋文庫〉、一九六五～六八年）として刊行されている。

＊『小野のふるさと』という紀行文をのこしている（220ページ）――この部分は同じ地名からの連想による宮本の誤りであろう。菅江真澄の『小野のふるさと』は、真澄が天明五年（一八九五）、正月を出羽の雄勝郡柳田（秋田県湯沢市）でむかえ、付近の小野小町の古跡や院内銀山などを訪れた四月末までを記した日記（『菅江真澄全集』第一巻、一九七一年　所収。現代語訳は、『菅江真澄遊覧記』1、一九六五年　所収）で、信濃の小野の地（長野県塩尻市北小野・上伊那郡辰野町小野）の紀行文ではない。真澄が信濃に滞在した天明三～四年の日記には、『伊那の中路』『わがこころ』『すわの海』『くめじの橋』（同全集第一巻　所収）がある。

＊『月の出羽路』（221ページ）――『月の出羽路　仙北郡』（前掲『菅江真澄全集』第七巻・第八巻、一九七八年・七九年　所収）、『月の出羽路　河辺郡』（同、第八巻所収）。

＊『花の出羽路』（221ページ）――『花のいではぢ　松藤日記』『花の出羽路　秋田郡』『花の出羽路　山本郡』（『菅江真澄全集』第八巻　所収）。

＊その現代語訳（221ページ）――内田武志・宮本常一編訳で『菅江真澄遊覧記』として刊行。一九六八年に全五巻完結。

＊石川康長（225ページ写真説明）――（一五五四－一六四三）安土桃山から江戸時代前期にかけての武将、大名。石川数正の嫡男として生まれる。一五九二年、父の死去により家督を継ぎ松本藩の二代目藩主となる。

＊『村里を行く』（227ページ）――一九四三年に三国書房から「女性叢書」の一冊として刊行。一九六一年に未來社から刊。のち同社の『宮本常一著作集25　村里を行く』（一九七七年）に所収。

＊「中国山地」（228ページ）――一九六六年一月一日から『中国新聞』の朝刊一面に二七五回にわたって連載された特集記事。のちに中国新聞社編『中国山地』上・下（未來社、一九六七年・六八年）として刊行された。

＊石工・石橋・石垣積み（228ページ）――ここで宮本がふれている石工の技術については、その著書『民衆の知恵を訪ねて』（未來社、一九六三年。のち『著作集26』に収録）の「七　肥後の石橋」「八　石垣積みを追て」の項で述べられている。また久賀町の石垣については、宮本をリーダーとした調査チームによるレポートとして『周防久賀の諸職　石工等諸職調査報告書(二)』（山口県大島郡久賀町教育委員会、一九八一年）がある。この報告書はおそらく宮本の最後の調査のレポートであると思われる。

＊開智学校（229・230ページ）――旧松本藩校崇敬館の流れを汲み、一八七三年に第二大学区筑摩県管下第一

中学区第一番小学開智学校として開校。一九六一年に国の重要文化財の指定を受ける。

＊石川数正（230ページ）――（一五三三-九三）戦国時代から安土桃山時代にかけての武将、大名。徳川家康につかえた後、徳川家を出奔して豊臣秀吉の家臣になる。松本藩主。

＊大阪の天王寺師範に…（235ページ）――宮本は一九二六年、一九歳の時、大阪府天王寺師範学校に入学。

＊山極二郎・山極先生（235～237・246ページ）――（一八八六-一九三〇）地理学者。東京高等師範卒業後、天王寺師範で教鞭をとる。『地理学評論』は日本地理学会の機関誌であるが、その大正一四年（一九二五）四月刊の号に「大阪市の商業の勢力範囲」を発表。その蔵書の一部は、天王寺師範の後身である大阪教育大学に山極文庫として保管されている。

＊安楽寺（237・241～247ページ）――上田市別所の曹洞宗寺院。伝承では建立は天平年間（七二九～七四九）ともいうが、歴史的に明確になるのは、鎌倉時代に惟仙和尚が住してからとされる。鎌倉時代に北条氏の庇護を受けて栄えたがその後衰退。一五八八年に曹洞宗の寺院として再興された。

＊『日本の宿』（238ページ）――社会思想社から「現代教養文庫」の一冊として一九六五年に刊行。新版が八坂書房から二〇〇六年に刊行されている。

＊『入唐求法巡礼記』（240ページ）――九世紀の日本人僧で、最後の遣唐使における入唐請益僧である円仁の旅行記。原本は失われていたが、明治になって写本が東寺で発見された。Ｅ・Ｏ・ライシャワーが翻訳して海外に知られるようになった。

＊Ｅ・Ｏ・ライシャワー（240ページ）――Edwin Oldfather Reischauer（一九一〇-九〇）アメリカ合衆国の東洋史学者。一九六一年から六六年まで駐日アメリカ大使をつとめた。大使退任後、ハーヴァード大学日本研究所所長。

＊『東洋史上の円仁』（240ページ）――『東洋史上の円仁――唐代中国への旅』実業之日本社、一九六三年。

（原書は　*Ennin's Travels in T'ang China*, Ronald Press Company, 1955）

＊塩田荘（244ページ）――長野県上田市の南西部を荘域とする荘園。一三三五年、足利氏が村上信貞に与えたとされる。

＊北条義政（244ページ）――（一二四二か四三－八二）鎌倉時代中期の北条一門の武将。信濃国塩田荘に住したことから塩田北条氏と呼ばれる。

＊惟仙（244・246ページ）――生没年不明。信濃出身。臨済宗の僧。十三世紀半ば宋に留学。帰国後、安楽寺を中興開山。

＊三手先（245ページ）――建築の斗組の一種。柱から外に斗組が三段出ていて三段目の斗で丸桁を支える形式。

＊恵仁（246ページ）――宋の人。惟仙が宋から帰国する時、同じ船で来日。安楽寺第二世。

＊箱山貴太郎（246ページ）――（一九〇七－九二）長野県出身。教員。民俗学者。上田中学卒業後教員となる。一九五三年の上田民俗研究会の設立にかかわる。『上田付近の遺跡と伝承』は、一九六五年、上田小県資料刊行会刊。

＊この町（上田）の郷土博物館長　塩入君（247ページ）――251ページに「櫓も展示場に利用している」とあるところから、この「郷土博物館」とは上田市立博物館を指すと思われる。前身は一九二九年に開館した徴古館。一九五三年に現在の名称に改称。塩入君とは塩入恒《ひさし》氏のことか。

＊真田昌幸、真田幸村、真田信之（249ページ）――昌幸（一五四七－一六一一）は、戦国時代から江戸前期にかけての武将。武田信玄の時代に甲斐武田氏につかえるが、武田滅亡で自立。信之（一五六六－一六五八）、幸村（一五六七－一六一五）はそれぞれ昌幸の長男と二男。いずれも安土桃山から江戸初期にかけての武将。幸村は大坂夏の陣で戦死。

＊仙石忠政（249ページ）――（一五七八－一六二八）豊臣秀吉の家臣 仙石秀久の三男。大坂夏の陣の戦功と尽忠で上田六万石に加増移封。

＊松平忠周（250ページ）――（一六六一－一七二八）江戸中期の大名。信州上田藩初代藩主。

＊山本鼎（251ページ）――（一八八二－一九四六）洋画家。愛知県岡崎市生まれ。長野県上田市に移住して民衆芸術運動に尽力。

解説　全一五巻の編集を終えて

香月洋一郎

1　書いて 書いて 書き継いで――

そう昔のことのようにも思えないのだが、もう四〇年以上も前のことになる。

その頃、都下国分寺の中華料理店の二階に下宿していた私のところに、隣接する府中市にお住まいの宮本先生から、時折電話がかかってきた。このことは、このシリーズの6巻『芸予の海』の解説でもふれている。

「おう、おったかい。ちょいと夕方来れんかいのう」そんな電話をいただいたある日、六時前に御自宅にうかがった。「まず、メシを食おうや」と、居間で夕食をいただき、それから仕事の打ち合わせになった。十時半くらいになると「今日はもう遅いから風呂にはいって泊っていけや。布団は奥の部屋に敷いてある」と言われ、恐縮しつつ泊らせていただいた。

翌朝七時半頃に起きて居間に入ると、そのすぐ隣の仕事部屋（そこにベッドもある）から出て来

られた先生はニヤッと笑って
「あれから四〇枚ほど原稿を書いたぜ。」

四〇枚という数字にはもうひとつ思い出がある。

武蔵野美術大学の宮本研究室は、いつも人でにぎわっていた。数人のほかの先生方が自分の研究室から机ごと出張って常駐されていたし、田村（善次郎）先生をはじめ職員や宮本先生が私費で雇っていた助手が詰め、さらに生活文化研究会（一九六六年四月から始まった宮本先生主宰の研究会）の学生や私のような他大学からの押しかけ者がいた。ことに宮本先生が出勤される日は来客も頻繁にあり、書架と机との間にできた踏み分け道ほどの幅の空間をかろうじて人が行き来していた。

ある日、そんな中で皆に背を向けて依頼原稿に万年筆を走らせていた宮本先生がすっと顔を上げ
「よっしゃ、四〇枚書き上げた。」

すぐそばにいた学生がその手元をのぞきこむと、四〇〇字原稿用紙の四〇〇字目のマスに句点が打たれていた。

「えーっ、四〇枚ぴったしに書き終えられたんですか。」

この時も先生は軽い笑顔で「若い頃に五万枚ほど原稿を書いとると、こんなことができるんよね」。五万枚とは、宮本先生が戦災で焼失した若い頃の調査の記録を指している。「あの頃は仕事の合間に歩いて書いとったから、時間がいくらあっても足りんかった。寝る時間がなかったよ」という状況での原稿になる。「（戦災で）すっかり焼けてしもうたけど、なあに全部覚えとる。またいつ

でも書けると思とったんやが、そうこうしよるうちに、はァ、ほとんど忘れてしもうた」と苦笑されていたが、かつての記憶力はしばしばまわりの人を驚嘆させたほどだったという逸話を、往時の先生を知るいく人もの人から聞いていたため、「またいつでも書けると思とったんやが」との言葉も自然に耳に入った。

ひと晩で四〇枚という執筆力も、平凡社の『風土記日本』や『日本残酷物語』に関わられていた一九五〇年代後半の頃に比べると落ちていたのかもしれない。これらのシリーズの編集を担当されていた谷川健一氏の言葉を以前新聞で読んだことがある――宮本さんと打ち合わせをしてその翌日に会うと、打ち合わせに沿って書き足してきた七〇枚から八〇枚の原稿を手渡されることが度々あった、そのさまはまるで弘法大師が一夜で橋を架けたという伝説さえ連想するほどだった、と。

現在書店を介して入手できる宮本先生の著書はどのくらいあるのだろうか。未來社から刊行されているものだけでも、五〇巻を越える著作集の本編があり、その別集の二巻、この『私の日本地図』一五巻、『双書日本民衆史』の七巻、『旅人たちの歴史』が三巻、それに『瀬戸内海の研究』や『民具学の提唱』などがあげられる。ちなみに「宮本常一研究5　著作目録」とタイトルが付されている日本観光文化研究所の『研究紀要8』（一九八八年）には、まだ未完の目録としつつも、一九三〇年五月から一九七一年五月までの著作リストがあり、内容的には一部に重複もあるのだが、その総点数は三一九六点となっている。

一九六五年、『日本の宿』を一冊目として始まった社会思想社の現代教養文庫の旅のシリーズもある（これは一部は単著でなく編著）。著作集におさめられていないものも含める形で、現在八坂書房からも刊行がすすんでいる。このほか河出書房新社からも出ており、みずのわ出版からは『離島論集』（別巻を含め六冊）が、また文庫版としていくつかの出版社から再刊されているものなども加えれば、その数は優に百冊を越えよう。もちろんこの中には内容が重なるものもあるのだが、これらの単著以外にも「共著」「編著」として刊行されたものがあり、それらのなかには絶版になって入手しにくいものも少なくない。さらに報告書、紀要、自治体史などにおさめられているものまでカウントすれば、著作の分量は膨大なものになろう。

また最近、農文協から『講演選集』八巻が刊行されている。宮本先生は「書く人」であるとともに「語る人」でもあったのだが、こうしたものはとりあえずここでは省いておく。

さらに言えば、テーマと分量が与えられたものではなく、ご自身が企画されたものは、どれもシリーズ形式で大きな執筆計画のもとに進められていた。この『私の日本地図』は全三〇巻の予定で（詳細は本巻巻末収録の「付録二」301ページ参照）、それも第一期の巻数であり、第二期の構想も練っておられたというし、七冊刊行されている前述の『双書日本民衆史』は、その巻末のラインナップの案内に「第一期一二巻」と記されている。『旅人たちの歴史』シリーズは、その一冊目の冒頭の記述では、とりあげていく予定の旅行記五〜六点が挙げられている。学位論文である『瀬戸内海の研究』も本来は全三巻の構想である旨、その本文中に明記されている。いずれも未完のシリーズということになる。ご自身の認識、考察を体系的な形で存分に展開してみようとの意図をそこに強く感じることができるのだが、しかしいったいどれほど多くの著作のプランを想定されていたのだろうか。

そこには、書き継いで書き継いで、時には書きとばすほどに書き急いで生涯を終えた天性の表現者の姿を見るようでもある。歩けば歩くほどに、書かねば、書いておかねばという問題意識と使命感が宮本先生の中に息づいていたことは言うまでもない。しかし宮本先生にとって「書く」ということの意味合いをもう少し考えてみたい。たとえばそこから垣間見える表現者としての志と方法、そして生き方を。

2　手の内を見せること　それを洗練させていくこと

一九六八年十二月刊の『未来』27号の「学問―理論と実践―」に、先生のこんな言葉がある(『著作集42　父母の記/自伝抄』に「理論と実践」として収録)。

「渋沢先生がいっておられたことなんだけれども、宮良当壮さんが方言の調査をやりましたでしょう。あの時に、もし間違っているとしても、宮良さん一人の間違いなんだ、窓口が一つなんだから。もし間違っている部分があるとすれば、それはかんたんにおさえられる、というんですね。

民俗学の調査の場合にも、たくさんの人が調査したものを集めて、それで比較してゆくということのなかには、そのこと自体のなかにも、いろんな誤謬がはいるんじゃないか。それだから、なるべくなら一人の人の見たものが何冊かにまとまってくる、ということが大事じゃないかと思います。

わたしの『民俗学への道』（著作集1）のなかにも書いとったと思いますが、五〇冊ほど民俗誌を書きますなんて豪語したのは、それなんですね。五〇冊ぐらいは書けるんじゃないかというんで、やりはじめたわけですね。それなら間違っておっても、わたし一人の間違いになるんですね。ずっと見て歩いて、この点をこの男はいつもはずして書いておるとか、ここには眼がおよばないとかいうことがわかってくるわけです。その点さえ気をつけてもらえば、使う方の側からいえば安心して使えるものになりますね、それをやってみたかったという気があるんです。」（『著作集42』二一六ページ）

この文章を読み返すと、先生の「手の内をきちんと見せて書いていけよ」という言葉を改めて思い出す。そんな時、例として伊谷純一郎氏の『高崎山のサル』というフィールドレポートをよくあげられていた。これには伊谷氏のフィールドでの試行錯誤がそのままに述べられている。同氏が論文としてまとめたものとこの記録とを合わせ読むことで、その視点のなかに在る普遍性を探ることができる、残念ながら今の民俗学にはこうした性格の記録はきわめて少ない、と。

とはいえ、宮本先生が書き残した地域レポートの中で「民俗誌」としての構成内容を持つものは、おそらく一〇点余ほどではなかろうか。もちろんもっと取りまとめたかったはずなのだが、「民俗誌」とカテゴライズされるもの以外の著述作業においても、より書くことで己の視点のありようを——認識することが困難なその欠落面まで含めて——より明確に伝えていこうとするフィールドワーカーとしての姿勢が、その基本に据えられていたと思う。

ただ、私が思うのはそのことだけではない。

3 フリーであること 在野にとどまること

ある雑誌の宮本常一特集号に、私は次のように書いたことがある。

「「戦後ずっと定収入なし」と年譜に記されている宮本が、武蔵野美術大学の教授になったのは五七歳の時になる。彼は定年を待たずにその職を辞したが、その教授時代も月給の半ば以上を周囲にいた若い人間を育てることにまわし、それまでの時代とさほど変わらず、主に原稿料や講演料などを生活費に充てていたはずである。フリーランスのフリーであることの意味を積極的に生き方の基本に据えていた。「おい、月給ってのは怖いぜ。あれは寝とってもはいる金じゃからな。ひとを堕落させるぜ」という教授時代のつぶやきを何度聞いたことだろうか。

だから、彼の文章の多くは、食べるために書かれたものである。一九七七年、今和次郎賞受賞の際のスピーチで彼はこう述べている。

「私は、めしを食うために本を書いた。みなさんがたは私の腹のなかにたまった糞をなめているようなものです。ああいうものはできればよまないでほしい」。この表現には授賞式という場での謙譲以上の意味あいが含まれている。

食べるために書いたと言っても、原稿料が出ようが出まいが、印税が支払われようが支払われまいが、宮本は書き続けた。問題を発見していく喜びをそのままに表現していった。腰を落ち着けてじっくりと著述を行うには、彼のひたすら歩き続ける生活は忙しかったし、また問題意識も忙しすぎた。問題を発見していく喜びを次々と文にしていった。あれだけベタベタと全国を歩いてはいても、彼の本質は問題提起者であり、実証者ではなかったように思う。」

(「宮本常一との距離・「宮本常一論」への距離」『現代思想十一月臨時増刊号(第三九巻第十五号)総特集　宮本常一　生活へのまなざし』青土社、二〇一一年十月 所収)

この引用文中の「年譜」とは、田村善次郎氏作成のもので、『日本文化の形成3　遺稿』(全三巻構成の三巻目。そしえて、一九八一年。のちに筑摩書房〈ちくま学芸文庫〉から『日本文化の形成　下』として一九九四年に再刊)所載のものだが、「戦後ずっと定収入なし」の文は「昭和三二年(一九五七年)五〇歳」の項の記述であり、それに続いて「あまり金にならぬ雑文を書いてわずかに糊口をしのぐ。」とある。

また、今和次郎賞でのスピーチは、『生活学会報　第10号』(日本生活学会、一九七八年)に収められているが（のち前掲『著作集42』収録）、これには宮本先生の武蔵野美術大学退職記念講演も紹介されていて、次のようなくだりがある。

「私にとっては、こういう温室の中（大学を指す──引用者註）におってみますと、条件がよすぎたという感じがする。ということは、私は給料というものを長いあいだもらったことがなかった。ここへ来たら給料をもらえる。寝ているあいだにも給料というのは入るんですね。まったく不思議なのです。それまでは、働かなければ金にはならなかった。（中略）それは、私にとって、いま考えてみると、そのほうが大事だったと思うのです。なぜ大事だったかというと、いつも自分の生活の上で不安定であるということは、自分自身がこれからさき、何をしていったらいいか、このままでいいのかという反省がたえずつきまとっていたのです。いま、人間に一番大切なことは、自分を見つめ、自分をはげましていくことではないかと思います。つい、のほほんと寝とっても食うことができると、なまけてしまう。」（『著作集42』二三三ページ）

宮本先生が、研究専門職という存在がどれほど大切なものかについて折にふれて口にされていたことを思えば、もとよりこれは大学の研究者の存在そのものへの批判ではない。「フリー」であることの意味を、その価値観の主軸に据えたひとりの人間の感懐になろう。

生活に資するための執筆といっても、はたで見る限り、その報酬の有無や多寡にはさほどこだわっておられなかった感じがするし、講演先では手渡された謝礼をその地元の地域運動への足しにと、そのままカンパとして戻す姿もよく目にした。一九五三年から五七年まで務めた全国離島振興協議会の事務局長は無給で引き受けておられた。

武蔵野美術大学の教授時代も、冒頭で少しふれたが、二人の助手を調査資料整理のために週三日勤務で私費を割いて雇っており、同友館の『私の日本地図』の印税は、主宰する週一回の生活文化研究会の維持費（これは研究会後、みんなで食べにいく夕食代などを含む）にあてていた。つつましさに包《くる》まれた一徹さを保持しての「なあに、なんとかなろうじゃないかい」という笑顔の裏には、そうした姿勢とエネルギーがあった。これはその当時、まわりにいた私を含む若い連中にとっては、良くも悪くも「魔力」だった。

4　編集作業のなかで

さて、この「上高地付近」の巻は、リニューアル版の『私の日本地図』シリーズの最終刊行巻になる。この刊行作業を終えるにあたって、一九六七年から七六年にかけて刊行された同友館版（以下旧版と表記）のものにどのように手を加えたのか、その一端についてふれておきたい。

この『私の日本地図』には、宮本先生の論文、報告書、またほかの著作にくらべると、おや、と思われるようなことが目につくように感じたからである。

14巻「京都」の巻の「あとがき」には、原稿を一〇日で書き上げた旨の記述があるが、この一〇日というのは、その作業に没頭しての一〇日間ではない。多忙ななかで時間の隙間を縫うようにして執筆の時間をひねりだした一〇日間のことになる。一九六七年、結核を再発して半年ほど北里病院に入院されたが、この間病床でこなした仕事の中には、『私の日本地図』二冊の脱稿があったという。『私の日本地図』の刊行はこの年からである。

宮本先生はいつも大きな黒のショルダーバッグを肩にかけて動いていた。そのなかには、よく校正刷りの紙の束が入っていた。それを旅にも持ち歩き、移動中の列車のなかで、またその日の調査を終えて宿の一室で夜遅くまで朱を入れ、翌日投函する姿は、私には見慣れたものだった。私の記憶では、その校正刷りはこの『私の日本地図』のものであることも多かった。紙の束の厚さと写真の多さでそのことはすぐに見当がついた。校正作業など、常に落ち着いた場所と時間のなかで綿密なチェックがなされていたわけではない。引用資料の原典とのつき合わせや、昔の自分の調査記録、調査日記などとの確認も、強い記憶力ゆえに逆に過信されて、十分であったとは言い難かったようにも思える。

だから、編集作業のなかで様々な確認・訂正を要する箇所にぶつかると、そこに重ね合わせのように浮かんでくるのは、大きなエネルギーで精力的にあるき、書き急いでその生涯を終えた先生の「人生の時間」の意味になる。

①まず、旧版には本としての体裁や小見出し、写真説明文や写真レイアウトの仕様に若干の不揃い

がみられる。これはおそらくシリーズものだけに、巻を追ってシリーズのスタイルを検討し、確認し、調整していった足跡でもあろう。それらについてはこのリニューアル版である程度まで形を揃えている。旧版は、その巻を示す数字が刊行順を示しており、はさみ込みの小冊子が付いているのは1巻から3巻までで、この三冊では、地図は本文の中に図としていくつかに分けておさめられていた。4巻目以降ははさみ込みの地図になる。こうした点も試行の跡であろう。

今回の未來社版では、刊行順は旧版を踏襲してはいない。まず宮本先生の郷里である周防大島の巻を出し、次いで永年暮らしておられた地の武蔵野にちなむ巻を二冊目とし、あとは島を対象とした巻を中心に組みつつ定めている。

②写真は一五冊中一一冊については、旧版で使用した紙焼きを使っているのだが、所在不明などでそれが使えない2・5・6・13巻の四冊については、山口県周防大島の周防大島文化交流センターから貸出をうけ、あらたにプリントしたものを使うことができた。あわせて同センターのご尽力で撮影年月日が記されていないほとんどの写真のキャプションにそれを加えることができた。旧版に数点見つかった裏焼きのものは正常プリントに戻している。

③文章についてであるが、あきらかな誤記・誤植の訂正、ルビの追加、ある程度の表記の統一などのほかに、その内容表記に手を加えた箇所について少し述べると、地名、人名、書名などの固有名詞の誤記、また記載されている年月の誤りの訂正がある。単なる誤字の場合もあろうが、おそらく宮本先生が印象的記憶で書き、その後チェックをされなかったと思われるものもある。例として5

巻からひろえば、旧版83ページの「宇久島」は「宇々島」が正。139ページの「明治」は「昭和」が正。207ページの「三八年」は「三七年」が正。12巻では旧版36ページの「近藤芳郎」は「近藤義郎」が正。67ページの『塩業の研究』は『日本塩業の研究』が正。169ページの『郷土の風習』は『郷土の風俗』が正。210ページの『播州赤穂の城と城下町』は『播州赤穂の城と町』が正、などである（旧版のページで示しているが、このページ数は最後の事例以外はリニューアル版でも同じ。最終例のみリニューアル版では211ページ）。

宮本先生の活動上の年月に関しては、毎日新聞社から刊行されている『宮本常一　写真・日記集成』（二〇〇五年）ほか、その動きがたどり得る資料、そして周防大島文化交流センターからのアドバイスによって訂正している。

なお、文章として特に不自然な箇所については、その前後の文の流れからみて、できるだけ原文のニュアンスをそこなわない形に訂正し、その旨を註に記すことにした。一例をあげれば、10巻233ページに「それはツギハギなものではいけない」という文章があるが、これは旧版では「それはメリハリではいけない」となっていた。

④文献資料や歴史史料などの引用文はできるかぎり原典との照合につとめたが、14巻での「平家物語」からの引用は、どの出版社から出ているどの本をもとにしたものなのかが判然としないままだった。

また、宮本先生が地域の資料の内容を読みほぐしつつ、そこに微妙にご自身の視点を加えてその地の概要描写をされている記述がしばしば見られるのだが（特に5巻や12巻など）、それがどのような資料のどういう記述に基づき、またどこまでのことが資料に記されていることなのか、その特定や腑分けは困難な場合も多かった。一般読者向けの紀行文的レポートという性格上、資料名などの明記が省かれている箇所も多く、こうした部分の校註はきわめて薄いものになっている。

1巻には宮本先生が諳《そら》んじていたのであろう島木赤彦の和歌が紹介されているのだが、記憶にあるままを原歌につき合わせることなく記されたものらしく、漢字、かなの表記が必ずしも正確ではなく、なかには初句がまったく違う言葉に置き換えられているものもあり、これらは歌集の表記に正している（同巻の264ページの註を参照）。

——先生、ところどころ違ってますよ。

「ありゃ、そうじゃったかいのう。はァ、わしの記憶もあてにならんのう。わしもええかげんじゃからのう。」

苦笑してすまなさそうに、そう応じる先生の顔が浮かぶようでもある。

⑤本シリーズは限られた時間のなかでの旅の記録ということもあり、地域の諸事象を間違って受け取り、解釈をしている箇所もいくつかみうけられた。

例えば5巻の『五島列島』で、宇久島の平《たいら》の女性たちが海に潜るようになった情景を見て、それを慣行の変化のきざしと受け止め、社会経済構造への影響に思いをめぐらしている記述がある（未來社版13・58ページ）。しかしこの島の海人《あま》は現在でも男のみである。宮本先生が見かけた情景は、その記されている年月日からすると、その年の旧暦の春の大潮の日にあたる。その日はこの島で「磯の口開け」と言われる行事がおこなわれており、集落ごとに解禁される海辺を持ち、現在でも集落の女性たちが中心になって、陸からその海に入り海藻、ウニ、貝類を採る。当時のその光景を見て女性も海人になって潜るようになったと受け取られたと思われる。

私がこう記すのも、私自身がこの平という場所に一〇年以上通い、海人の民俗誌（『海士のむらの夏――素潜り漁の民俗誌』雄山閣、二〇〇九年）を書いたからそう指摘できるのであり、この箇所については原文はそのままにして同巻の註の冒頭でふれている。

こうした内容のチェックに関しては、5巻・7巻・8巻・10巻・13巻・15巻では、それぞれその地域の研究者やその土地について長じた方に、疑問やコメントをいただいて註の終わりに列記している。御助力に改めて御礼申し上げたい。

なお、リニューアル版の既刊巻について、読者の方々から、本文表記・写真説明の誤り、註の不備などの指摘をいくつかいただいている。これについても御礼申し上げたい。すでに訂正を済ませた巻もあるが、こうした事項の訂正は版を重ねる限り継続していくつもりである。

――先生、こんな指摘をいただきましたが、と、そうしたコメントを伝えたとしたら、今度は真顔で、「そうかあ、やっぱりわしのようなつまみ食いの歩き方じゃだめなんじゃなあ」と、ため息をつきそうな気がする。

ある年の日本民具学会の夜の分科会で、宮本先生が宮崎県の民具についての所見を話した際、その場にいた宮崎県の研究者から、データを踏まえた異見が返ってきた。その時、つくづくとそんな風に言って、その研究者に本当に嬉しそうに礼を述べていた。それと同じような表情で。

私にとって八年にわたるこの編集作業は一面でそんな連想を誘うものだったし、そうした連想の中ですすめていった時間でもあった。

5　ことばの向こうに

常に現場と切り結んできた先生の思想は、その語り口自体のなかにあり、叙述のスタイルそのもののなかに本質が潜んでもいる。この『私の日本地図』には全体を通して、その本質が思うままにゆったりとほどけて溶け込んでいるように思える。依頼されたテーマと限定された分量を顧慮して書いたものではないだけに、そしてそこに述べられている先生とその関わり方は土地ごとに多様であり、筆はそれを解きほどきつつ進んでいるだけに、逆に先生の姿は絞りこまれてはおらず、気づきにくいような広がりの中に在る。だから様々に連想を誘う。

宮本先生が亡くなられたのは一九八一年の一月末。そのひと月前の大晦日に入院中の病院から数日間の帰宅が許された。病院に戻る一月四日の日、私を含め若い連中四、五人が宮本宅に呼ばれた。私たちは布団に横たわっておられる先生にお会いし、それから車で病院の入り口までお送りした。先生の姿は病院の玄関の向こうに消えた。私が次に先生を見るのは、ご自宅の六畳間の布団に、白い布で顔を被われ胸に刃物を置かれて横たわっている姿としてになる。

病院の前で車を降りた時、先生は誰に言うとなく低い声でこうつぶやかれた。

「生きたいから（またこの病院に）戻って来たんやぜ。」

この時の先生の声を、いくつかの未完の企画のひとつであるこのシリーズの編集中にふと思い出すことがあった。

ともあれ、今はしばらくこの作業を終えた脱力感、解放感に浸りたいと思う。

この気持は、宮本先生の著作の純粋な一読者という立ち位置にまた戻れるという安堵感につながる。それは、たまたま手にした著作集の一冊を読み、その魅力に引かれて府中市の御自宅に押しかけた二十歳の頃の自分の起点とどこかで重なる。あの海のものとも山のものともわからなかった自分は、今でもふり返ればすぐ後にいる。冒頭の一文のように、四〇年余り前とはそう昔のことではないらしい。

日本の旅

宮本常一／私の日本地図 2
上 高 地 付 近　　　付録

2

野麦峠の頂上に寝ころぶ。夏雲の去来があわただしく，あきることがない。かたわらの念仏塔はひっそりと，大きな乗鞍岳に対している。私の胸の中をさまざまの想いがはしりすぎる。

写真・田村善次郎

旅に学ぶ　二

宮本常一

★旅というのはあらゆることで自分をためしてみることができる。

ずいぶん旅をしながら高い山のいただきにのぼったことがない。一ばん高いところで、飛騨山脈の安房峠の上までいったこと、ここは二、四〇〇メートルにすぎぬ。山地をあるいても谷底ばかりであった。たまたま峠などこえて雄大な景色に接すると大いに喜ぶのだが、わざわざ風景を見るための旅をしたことがない。だから有名なところは案外知らず、平凡なところばかりあるいている。

そうした旅の中でたった一つだけかわっているのは、できるだけ道をまよってみようとするこころみであった。長い旅になるとたいてい一回や二回は道のないようなところに踏みこんで散々な目にあう。そしてそのときはひょっとするとどこかでいのちをおとすのではないかと思ったりして、悲痛な気持になることもあるが、それがまた深い思い出になることがある。昭和一五年一一月の末、私は秋田県象潟に下車して蟠満寺へまいり、そこから歩きはじめた。このあたりの漁村の様子を知りたいと思って金浦というところへゆき、漁業組合へよっていろいろ話をきいているうちに夕方になった。そこから南へあるいてゆくと、石油の出るところがある。その石油をほるところも見たいと思って、油井櫓を目ざしてあるいていったが、どこも皆人はいない。もう暗くなりはじめていたが、とめてもらう家をさがす気にもならなかった。鳥海山北麓に冬師《とうじ》という部落がある。そこに昔から神楽があったというから、その話でもきこうと思ってあるき出した。そしてすぐ道にまよって私の背丈よりもずっと高くのびた茅原の中へはいってしまった。押しわけ押しわけのぼっていくのだが、何ほどもはかどらぬ。その上足をすべらせてはころぶ。そのうちに暮れはててしまい、雨さえふり出した。夜道でのぼってゆくときはよいが、下りは危険が多くて、迷っているときは絶対に下ってはいけない。

とにかく茅原をぬけて高いところまで出ることだと思って一時間もあるいていると、草のないところへ来た。闇夜で雨がふっていると一寸さきも見えないが、こうもり傘をもっているので、それを杖がわりにさぐりつつ一歩ずつあるいてゆく。どうやら道らしいのである。じっとしておれば寒くてすぐ風邪をひいてしまうだろう。とにかく動いているのがよい。道は下りになったらしい。また一時間もあるいたころ向うに火が見える。冬師の火かと思ったが一時間あるいても一丁とは進んでいないはずだから冬師の火ではないはずだ。その火は動いている。こちらへやって来るようだ。それで急に元気が出た。じっと立ってまっていると提灯が近付いて来た。見ればニ人づれで、さきは男、後は女。さきの男はこちらが声をかけると啞であった。後は一七、八歳の美しい娘。その娘の兄さんの帰りがおそいので下男とさがしに来たのだというう。その娘にきくともう少し下ったところで道がひろくなる。そこへ出たら道も平らで歩きやすくなる。暗闇でも大丈夫だろう。そして間もなく冬師の村の外灯が見えてくる。それを目あてに行き、外灯のともっているところから田圃をへだてた向うの家が区長の家だと教えてくれた。私は言われた通りにあるいたのだが一〇時すぎに冬師へついた。日が暮れて六時間、これほどゆっくりあるいたことは生れて初めてのしまいであろう。だがどんなに真闇な中でもそれぐらいゆっくりあるくと安全だということを知った。あとで地図を見ると一里あまりの距離であった。旅というのはあらゆることで自分をためしてみることができる。

3

野麦峠の道

田村　善次郎

　五月の末、野麦街道を歩いた。古い街道である。今は全く忘れさられたようになってしまっているが、中央線や高山線が開通するまでは飛騨と信州を結ぶ幹線であり、多くの人や物資がこの細くけわしい峠道を通って運ばれたものであった。

　野麦峠は飛騨山脈のはずれにあたる乗鞍岳の南麓にある一六七二米の峠で、奈川谷と飛騨側の益田川の谷を結ぶ。奈川谷は上高地線の終点島々から最奥部川浦までバスが一日三回程運行されている。また木曽藪原からも境峠をこえて寄合渡、黒川渡の方にバスが通じている。何れも回数は少ないが、徒歩に頼るほかはなかった時代にくらべると、大変便利になったものである。

　境峠と野麦峠への道のわかれるところが寄合渡である。小さな宿場の村であり、今もその面影を残す宿屋がある。ここでバスを降りて奈川に沿って歩いた。神谷、保平などの小さな部落が道沿いにひっそりとしたたたずまいをみせている。どの家も静かで人がいるとも見えない。山仕事に出ているのであろうか。道の両側には大木仕立の桑が植えられているが、海抜一一〇〇米を越えるこのあたりになるとまだ桑の葉は開きはじめたばかりである。平地の村むらではすでに夏蚕の飼育が始まっているのだが、この山地ではまだ大分まがありそうだ。

　家の建て方は蚕室造りが大部分で養蚕が農家の経済を支える力の大きなことを物語っているが山間高冷地で五月末というのにこんな桑の生育状況では養蚕も不安定なものであろう。この日峠にかかろうとするあたりで小指のさきほどのヒョウに降られ、きびしい自然条件をまざまざと知らされた。これでまた桑や作物が大きな被害を受けたことであろう。

4

川浦まで一里（四粁）ほどの間、畑で働く四、五人の人を見掛けたほかは、二人の女の人が道端で立話をしているのに出会っただけであった。この人達はきれいに編んだセナカアテを掛けていた。このあたりの人は仕事に行くときはワラで編んだセナカアテを掛けて出る。弁当や一寸した道具はこれに入れているのである。

川浦は十七戸の部落、そのうち四軒は昔宿屋をやっていたという。この細く、けわしい峠道に四軒もの宿屋が成立つほどにどんな人が通り、物資が運ばれたのであろうか、村人の記憶にきいてみよう。村の人達の記憶に最もなまなましく残っているのは飛騨の村むらから岡谷や松本の製糸工場に働きにゆく女工さん達の姿であった。

春、峠の雪が消える頃になると飛騨の糸ひきたちが五十人、百人と群になって峠をこえて来たものだという。髪は桃割れに結い赤い腰巻にワラジばき、木綿のハバキをつけて、背中には荷物をケサがけといういでたちの娘さんたちの群が何日も何日も続いたものであった。春出かけて、六月に春びきが終ると、田植に十日ほど帰り、すぐまた夏びきに峠を越した。次に帰るのは十二月末であった。

けわしい山地で耕地といえば猫の額ほどしかない野麦街道沿いの村むらにとっては何百人、何千人と通る糸ひき女工たちは大事なお客さんであったから、宿をする家では精一杯のもてなしをしたものである。もてなしといっても貧しい村であり、甘い菓子などあるはずもないので夏のうちに山にいくらもある、スモモやグミ、ヤマナシなどをとって大きな桶に何杯もつけておき、女工さんたちが来ると大鉢で出してやる位のものであったが、みんな喜んでそれを楽しみに何年も続けて泊ってくれたものであるという。

松本から高山までの行程は第一日目が島々か稲核、翌日は奈川谷にはいって古宿、第三日目に川浦、それから野麦峠をこえて野麦の村か上ケ洞に泊って七日か八日の行程であったが、暮れには両親の待つ飛騨に一時も早く帰りたい一心で道を急いだものである。川浦の宿に着くのはどんなに急いでも松本から三日かかる。足の早いものになると昼頃には着くが、足弱の娘やシンコと呼ばれる今年初めて糸ひきに出たような慣れない子供は暗くなって宿についた。宿につくと見番という工場から引卒についてくる男衆が疲れをとるように酒で足をふいてくれた。朝三時にはもう宿をたっていた。暗い道を三人に一本づつタイマツをもってゆく、そのタイマツの火があかあかと野麦峠まで続くさまは美しくもまた哀しい眺めであったという。

峠には雪がある。飛騨側の峠道は野麦の村まで断崖の上を曲りくねって続いている。恐らくその当時もそうであったろう。もっとけわしく細かったかも知れない。この道が雪にうずもれたらとても危険で通れるものではない。娘たちはお互いに身体を紐でつなぎ合せて必死にこえていった。足を踏みはずして落ちる娘たちも多かったという。そういう時には帯をつなぎ合わせておろしてやり、救いあげたこともあったが、救われずに死んでいった女工もまた数知れずあった。峠を少し飛騨側に下ったところ、一六四八米の水準点のあるあたりに小さな地蔵堂が建てられているが、丁度このあたりが最も難所で女工やボッカが何人も命を落したところであるという。この道を女工達が通らなくなって久しいが、人々の記憶にはまだなまなましく女工達の哀話は残っており語りつがれている。それだけではなく、彼女達の霊を葬うためであろうか、峠の地蔵さんには香華の絶ゆることがない。野麦峠の人達ばかりではなく、女工を多く送り出した、高山やその近在の村むらから、わざわざ手向けにくる人も多いとみえて小さな地蔵堂を埋めつくすほど種々のものがあげられている。それにはそのあたりの村の名や人の名がしるされている。手向けられたものを見ると、いずれも若い娘たちの机の上にかざるにふさわしいような人形、玩具、装身具などで古めかしいお堂に似つかわしくないはなやかな色どりをもったものであった。哀しくもはなやかな手向けの品々である。

さて川浦から野麦峠まで四キロ、峠から野麦の村まで八キロ、合わせて一二キロの峠道である。川浦から一時間ほどで頂上に立つことが出来る。明治時代には頂上に野麦の茶屋と呼ばれる休み茶屋があって白髪のバア様がソバ湯、ソバ焼餅、甘酒などを売っていたというが、今はその跡もない。一面熊笹の茂る原っぱである。昔その茶屋のあった跡かと思われるあたりの松の木の下に「南無阿弥陀仏」と刻んだ念仏塔が建てられているのもわびしいことであった。

野麦峠は熊笹の道である。野麦というのは字面だけから見ると野生の麦とでも思いそうであるが、実は峠一面に繁茂している熊笹のことであるという。峠の下の村むらが凶作で食料に困るような年には必ずこの笹に実がなったもので、人びとはこの実をとって粉にし、ダンゴにしてかろうじて餓をしのいだという。熊笹の実が野麦であり、野麦峠の呼び名もそこからついたものであろうか。

熊笹の急坂をあえぎのぼって峠に立てば眼前に残雪を輝かせた乗鞍が雄大な姿を現わす。まさに壮厳であり、目を見はるに充分なものがある。春の陽光をあびて熊笹からはカゲロウがたちのぼり、ウグイスの声をきいて横たわれば思わず眠りこんでしまう。野麦のダンゴや女工哀史のイメージとはおよそかけはなれた平和で楽しいひとときを過して、風の音に眼覚めれば乗鞍には雲がかかり、カゲロウは消えていた。

野麦の村まで一時間半、下りの道を急いだ。なお、ここから久々野及び高山に出るには、上ケ洞まで十二キロの道を下ってバスに乗らなければならない。

道を急ぐ私は野麦の村に心ひかれながらも

7

上ケ洞まで下らねばならなかった。時間があれば宿を借りて話をききたいところである。

あんない

★乗鞍高原国民休暇村（長野県南安曇郡安曇村電話・島々一五〇）中央線松本駅から松本電鉄上高地線35分―島々駅―バス乗鞍行1時間30分休暇村ロッジ前。高山本線高山から濃飛バス乗鞍行2時間20分―乗鞍―松本電鉄バス島々行1時間休暇村ロッジ前下車。休暇村宿泊料一泊二食千百円、千五十円、中学生九百円、八五〇円、小学生七百円、幼児二百円。東京案内所（電話・二一六・二〇八五）大阪案内所（二一一・四三八八）名古屋案内所（二六一・八五三六）

★白骨温泉（長野県南安曇郡安曇村）中央線松本駅から電車35分―島々駅―バス1時間40分＝白骨温泉。宿　湯元斎藤旅館・湯元別館、新宅旅館・泡の湯・湯川荘・柳屋・大石館・えびす屋・つるや千円～二千五百円。丸永ヒュッテ・西村屋・金多屋・沢渡館・湯の花荘六百円～千円。

★奈川温泉（長野県南安曇郡奈川村）中央線松本駅からバス1時間50分―黒川渡バス7分＝奈川温泉。中央線藪原からバス1時間―黒川渡バス7分＝奈川温泉。宿　富貴之湯八百円～二千五百円、奈川温泉ホテル七五〇円～二千円清水元・亀屋・大和屋七百円～千円。

★中の湯温泉（長野県南安曇郡安曇村）島々からバス1時間50分。宿　中の湯温泉千円～二千五百円。

★坂巻温泉　中の湯入口手前バス15分。宿　坂巻温泉九百円～二千円。

★第1巻　正誤

(頁)	(誤)	(正)
2	住来	往来
4 8 15	シジミ	アサリ
63(写真)	水窪中学校	水窪小学校
90(6行)	部落から	部落が
152(8行)	川の流水	川の治水
197(写真)	左端が福徳院	右端が福徳院

宮本常一

私の日本地図　全巻内容

☆発行順序には変更があります

☆1　天竜川に沿って　定価四八〇円
☆2　上高地付近　四八〇円
☆3　下北半島　五二〇円
☆4　瀬戸内海Ⅰ〈広島湾付近〉五二〇円
☆5　五島列島　五二〇円
6　瀬戸内海Ⅱ〈芸予諸島付近〉
7　佐渡
8　瀬戸内海Ⅲ〈周防大島〉
9　長崎
10　出羽路
11　箱根・伊豆
12　瀬戸内海Ⅳ〈備讃の島々〉
13　志摩・紀勢線に沿って
14　伊予路
15　土佐路
16　壱岐・対島
17　別府から宇佐・姫島へ
18　種子島・屋久島
19　京都
20　武蔵野
21　鎌倉付近
22　沖縄
23　越後平野
24　大阪
25　広島山地
26　隠岐・山陰
27　島原
28　天草・長島
29　東京
30　北海道

☆印は既刊。愛読者カードをお送り下されば発行のつどご案内いたします。
☆送料五〇円

■私の日本地図の特色■

1民俗学者として、多年にわたり全国を踏破して得た、ぼう大な調査ノートと写真を駆使して展開する日本再発見の書。

2今もなお歩くことを止めていない著者に合わせて、このシリーズもまたあえて出版史上はじめての終りのない（目標三十巻）書きおろし一人叢書の形をとった。

3著者独特の読みの深い物の見方、考え方を、随所にちりばめた生きた人生の書

4各巻は独立した単行本として完結するテーマであるが、全巻を見ることで、相互の関連がつかめるよう配慮されている。

■著者紹介■

宮本常一《みやもとつねいち》　明治四十年、山口県大島（屋代島）生れ。大阪・天王寺師範卒業。日本常民文化研究所員。武蔵野美術大学教授。文学博士。昭和三十六年『日本の離島』でエッセイストクラブ賞受賞。著書『日本民衆史』『宮本常一著作集』『瀬戸内海の研究』などたんねんな研究調査をまとめたものが多く、個性的な発想と、鋭い観察は、高く評価されており、誠に貴重な存在である。

著者のことば

■忠実な記録を■

　私が旅に心をひかれるようになってからもう三〇年あまりになる。そのころ先輩たちからきいていた旅の話に思いくらべてみて、すこし時期おくれになっているように思った。私が旅をするようになったときにはもう草鞋をはいた旅人に出あうことも少なく、私自身も草鞋をはくことはなかった。また木賃宿などもほとんどなくなっていた。バスもかなり山中まで入込むようになっていた。それから以後の日本を見てあるいたのである。だから話にはきいても現実には見ることのできなかった習俗や生活が、もう実に多くなっていた。古い習俗が、古い形のままのこっていたのは大正の終頃までであったようだ。それがどんな山中でも米をたべるようになって、生活が大きくかわりはじめるのである。ヒエやムギだけをたべる生活の中には、そのまま古い生活がのこっていたのであるが、米の味を知って山中の生活にたえかねて里に人の下りはじめたのも、この時期からである。

　旅をはじめたころはただ全国の山間や半島のかげなどをできるだけあるいて見ておこうと思ったのであるが、今から考えてみると、きわめて大ざっぱなあるき方であった。それだけに歩いたことによっていろいろのことに気付きはしたが、それが学問の上にどれほど役立つものであるかは明らかではなかったし、また自分自身が特別の研究課題をもってあるいたわけではない。

　戦争が終ってしばらくの間の旅は戦前のように興にまかせてあるきまわることはなく、何かの目的であるきつつ、そのかたわら民俗的な調査をして来た。民俗調査のみの目的での旅は昭和二五年の九学会連合対馬調査以来である。が、とにかく長い間歩きつづけてみて、戦後のかわり方のはげしさに深い感慨をおぼえるとともに、戦前の日本を見てあるいて来ていたことが、今になってみると私にとっては民衆の生活や民俗の変化を見てゆく上に大へん役立っている。そのためにはおなじ場所へできるだけ二度出かけるようにしているが、なかなか思うようにはならぬ。ここにはその旅での印象をできるだけ忠実に書きとめておきたいと思っている。

索　引

ア行

梓川（渓谷）　12-14, 23, 26, 28, 34-40, 42-44, 63-65, 95, 96, 157-159, 173, 174, 176-179, 188, 192, 210
安曇村　9, 61, 62, 138, 139, 180, 183, 194, 195
安房峠　96, 128, 145, 154, 185, 203
アルプストンネル　33
安楽寺　237, 241-247
石垣積み　226-228
板壁（の家）　53-55, 103, 105, 207
板蔵（倉）　75, 76, 102, 106, 150
イチイガサ　96, 97
一新講社　171
伊那谷　111, 114, 215-217, 219, 221
稲核（稲核）　28, 29, 31-39, 42, 51, 73, 108, 172, 175, 180
いろり　119, 120
上田　247-255
上田高校　253-255
上田城　249, 250
牛方（岡船）　49, 84, 100, 101, 131
善知鳥峠（トンネル）　218, 221-223
駅まえ　223, 224
越後　101
越中ブリ　96
円仁　240, 241
大野川　9, 42, 108, 124, 127-131, 133, 141, 142, 153-155, 157, 166, 168, 170, 183, 191, 192
大野田　14-18, 21, 23, 25, 114
小倉新道　203
小野　218-221
お六櫛　212

カ行

開智学校　229, 230
街道　197
『餓鬼草紙』　56
学生村　137, 138
『春日権現験記』　22
霞堤　13
カッタイ道　152
河童橋　192, 194
鎌倉往還　33, 42, 60, 64, 95, 127, 145-147, 155, 184, 190, 191, 197, 198
上高地　9, 11, 25, 26, 32, 36, 39, 42, 85, 88, 92, 180, 181, 183, 187, 190-194, 203
上山田（温泉）　234, 254
川浦　24, 31, 64, 74, 94, 101, 103-106, 114, 131, 199
川狩　44-46
ガワ師　111, 131, 213
ガワモノ（曲物）　84, 100, 111
観光（地）　179, 188, 193-195
官僚（化・制度）　64, 248, 250, 251
桔梗ケ原　221, 222
木曾（谷）　45, 49, 54, 64, 65, 95, 104, 116, 166, 196, 198, 199, 209, 210, 216, 217
木曾街道　196, 197
木曾川　208-210
木曾大工　53, 54, 104
木曾福島　63, 64, 209, 213, 254
木曾棟　21, 104, 105
木祖村　117, 196, 199, 206-208

北向観音　239-241
記念碑　16-18, 25, 63, 65, 66
郷土館（博物館）　247, 249, 251, 252
行商車　94
供養塔　17-20, 68, 70
榑板　104, 105
榑木　27, 105, 111
黒川渡　44, 52, 55-63, 65-73, 76, 79, 92, 105, 143, 185, 199
桑の並木　80
広告　207-209
国道 158 号　185
蚕玉様　69
御用木　26
コンクリート　151

サ行

西国三十三カ所（供養）　18, 19, 68, 70, 71, 216
塞の神　20
境峠　64, 92, 116, 173, 196, 198-205
佐渡　55, 100
沢渡　37, 42, 44, 157-159, 172-174, 180-184, 200
三界万霊塔　67
参勤交代　154, 155, 216
三丸郎焼き　20
三州街道　221
椎茸　149
塩尻（市・峠）　33, 218, 219, 221, 222
信濃路　17, 18, 20-22
渋沢敬三　124, 126
島木赤彦　108, 119
島崎藤村　209
島々　11-14, 23-31, 33, 34, 42, 45, 68, 73, 108, 116, 155, 181, 187, 192
宿場　28, 34, 74, 209, 212-214, 216, 217
巡礼塔　19, 68, 69, 71
ショイコ　77, 96, 97, 99, 152, 199
頌徳碑（竜渕橋架橋）　14
庄屋　23, 24, 45, 131, 166, 167, 213-215
白骨（温泉）　9, 42, 60, 96, 128, 141, 145, 150, 154, 159-173, 211
神通川　97, 155, 184
陣屋　253, 254
スーパー（大規模・パイロット）林道　60, 79, 88, 92, 171, 185, 257
菅江真澄　219-222
スキー（客）　134, 135, 140, 171, 205
助郷　216, 217
鈴蘭小屋　135, 141-143, 175
瀬戸内海　109
袖壁　207, 211
ソバ　10, 93, 111, 112, 115, 116, 156, 183, 191
杣　23, 26, 27, 45, 192, 213-215
杣頭　45

タ行

大正池　181, 191, 192
大日如来　18, 70
立廻り山　110-113
田ノ萱　42, 47, 48
月夜沢峠　64
漬菜　118, 119
朝鮮人　97-99
角が平　42, 47, 48, 141
吊橋　147, 148
出作（小屋・定住の家）　129, 131, 141, 157, 191
出作（畑）　155, 156, 183, 191
天然記念物　163
天ノ川（奈良県）　152
『天竜川に沿って』（私の日本地図 1）　21, 99, 113, 186
徳本峠　25, 187, 191, 192

戸倉（温泉） 232, 234, 254
土蔵 22, 23, 76, 106, 219, 220
土間 103, 131
留山 62, 110, 112

ナ行

中里介山 161
中仙道（中山道） 209, 211, 214, 215, 217, 218, 222
長塚節 101
中ノ湯 60, 128, 154, 155, 180, 184, 185, 191
中村為治 124-127, 134, 143
奈川温泉 79, 88-92, 141
奈川谷 9-11, 24, 31, 40, 42, 44, 47, 100, 101, 103, 105, 121, 128, 131, 196, 199, 203, 223
奈川渡 32, 33, 36-39, 44, 46, 47, 51, 58, 172, 177, 180, 200
奈川（渡）ダム 31-46, 51, 58, 175
納屋 102, 103
奈良井（川） 209, 210, 213, 217
二十三夜塔 18
入山 36, 42, 47, 73, 155
農耕文化 117
鋸 54
野天風呂 161-163, 168, 184
野麦街道 196, 197
野麦峠 31, 39, 64, 74, 92, 94-97, 101, 128, 197, 199
乗鞍高原国民休暇村 137
乗鞍岳 92, 108, 124

ハ行

箱山貴太郎 246
ハサ 114-118, 154, 205-207
発電所 32, 35, 37, 38, 180-184
馬頭観音 70
ハナほり 82-85
番所 9, 60, 124-141, 143
飯場 51, 52, 180, 183
飛騨 12, 54, 95, 101, 115, 133, 145, 161, 196, 199
飛騨高山 31, 64, 74, 96, 97, 154, 198, 199, 203
飛騨（街）道 14, 28, 31, 40, 42, 47, 63, 127, 128, 131, 145, 185
飛騨ブリ 96
桧峠 42, 128, 141, 153, 155, 157-159
風穴 107-109
富貴の湯 90
筆塚 24
古宿 42, 51, 59, 66, 73-78
風呂場 55, 57, 122
噴湯丘 164
別所（温泉） 232, 235, 237, 238
便所 55, 56, 139
神祠峠 42, 47, 48, 127, 141
墓地 15, 16, 122, 123
北国街道 154

マ行

前川渡 44, 127, 132, 141, 157, 175
松本 11, 12, 26, 27, 31, 44, 64, 65, 70, 73, 81, 84, 85, 94-96, 109, 131, 199, 203, 220, 221, 223, 224
松本平 11-13, 15, 16, 20, 22, 31, 42, 63, 69, 76, 96, 104, 133, 134, 154, 166, 191, 203, 218
道立野（山口県） 227
水殿川 38
宮ノ越 209, 213

ヤ行

屋形原 57, 80, 85, 86, 88, 89
焼畑 6, 10, 23, 29, 30, 155, 156

焼岳　155, 181, 184, 190
屋根　22, 27, 104, 105
薮原　92, 95, 173, 196, 199, 200, 209-211, 217
山極二郎　235-237, 246
床造り　103
養蚕　29, 61, 62, 69, 73, 76, 86, 104, 107-109, 132, 149
吉野（奈良県）　152
寄合渡　44, 45, 92, 93, 104, 111, 114-116, 118, 119, 196, 198-200, 205, 206

ワ行

ワラビ　10, 82-85, 115, 116, 133, 142

【宮本常一著作集別集】

私の日本地図2　上高地付近

二〇一六年一〇月一五日　初版第一刷発行

定　価　本体二四〇〇円＋税

著　者　宮本常一

編　者　香月洋一郎

発行者　西谷能英

発行所　株式会社　未來社

〒一一二―〇〇〇二
東京都文京区小石川三―七―二
電話（〇三）三八一四―五五二一（代表）
振替〇〇一七〇―三―八七三八五
http://www.miraisha.co.jp/
Email: info@miraisha.co.jp

印刷・製本　萩原印刷

ISBN978-4-624-92487-4 C0339

宮本常一著作集

（本体価格）

1 民俗学への道 3200円
2 日本の中央と地方 3200円
3 風土と文化 2800円
4 日本の離島 第1集 3200円
5 日本の離島 第2集 3500円
6 家郷の訓・愛情は子供と共に 3000円
7 ふるさとの生活・日本の村 3500円
8 日本の子供たち・海をひらいた人びと 2800円
9 民間暦 3200円
10 忘れられた日本人 3200円
11 中世社会の残存 3200円
12 村の崩壊 3200円
13 民衆の文化 3500円
14 山村と国有林 3200円
15 日本を思う 3500円
16 屋久島民俗誌 3200円
17 宝島民俗誌・見島の漁村 5000円
18 旅と観光 3200円
19 農業技術と経営の史的側面 3800円
20 海の民 2800円
21 庶民の発見 3500円
22 産業史三篇 5000円
23 中国山地民俗採訪録 3800円
24 食生活雑考 4500円
25 村里を行く 3800円
26 民衆の知恵を訪ねて 3800円

27 都市の祭と民俗 3600円
28 対馬漁業史 3800円
29 中国風土記 3800円
30 民俗のふるさと 3500円
31 旅にまなぶ 3500円
32 村の旧家と村落組織 1 3800円
33 村の旧家と村落組織 2 3800円
34 吉野西奥民俗採訪録 6500円
35 離島の旅 3200円
36 越前石徹白民俗誌・その他 3500円
37 河内国瀧畑左近熊太翁旧事談 3800円
38 周防大島を中心としたる海の生活誌 4500円
39 大隅半島民俗採訪録・出雲八束郡片句浦民俗聞書 3800円
40 周防大島民俗誌 3800円
41 郷土の歴史 3800円
42 父母の記・自伝抄 2800円
43 自然と日本人 3200円
44 民衆文化と造形 2800円
45 民具学試論 3800円
46 新農村への提言 Ⅰ 3800円
47 新農村への提言 Ⅱ 3800円
48 林道と山村社会 3800円
49 塩の民俗と生活 4200円
50 渋沢敬三 4800円
51 私の学んだ人 4500円
52 周防大島民俗誌続編 (以下続刊)
53 続 郷土の歴史

＊

別集1 とろし――大阪府泉北郡取石村生活誌 3500円
別集2 民話とことわざ 3200円